Por fin lunes © 2018 Arne G. Skagen

All rights reserved. No part of this publication may be reproduced, distributed, or transmitted in any form or by any means, including photocopying, recording, or other electronic or mechanical methods, without the prior written permission of the publisher or author, except in the case of brief quotations embodied in critical reviews and certain other noncommercial uses permitted by copyright law. For permission requests, email the publisher or author at addresses below:

Contact the author:
askagen@me.com

Contact the publisher:
Unprecedented Press LLC - 495 Sleepy Hollow Ln, Holland, MI USA 49423
www.unprecedentedpress.com | info@unprecedentedpress.com
twitter: @UnprecdntdPress | instagram: unprecedentedpress

Scripture quotations are taken from La Santa Biblia, Nueva Versión Internacional® NVI® Copyright © 1986, 1999, 2015 by Biblica, Inc. Used by permission. All rights reserved worldwide. The "NVI" and "Nueva Versión Internacional" are trademarks represented in the United States Patent and Trademark Office by Biblica, Inc. ™

ISBN-13: 978-1-7321964-0-7

Ingram Printing & Distribution, 2018
Published in the United States.

First Edition

Unprecedented
Press

Por fin lunes

Evangelización cotidiana
para cada día personas

Arne G. Skagen

Traductor Benedicte Joergensen

Promociones

Por fin lunes: evangelización cotidiana para cada día personas es uno de los recursos más útiles que he encontrado para ayudar a las personas a moverse naturalmente en el área del evangelismo personal. Le conozco personalmente al autor del libro desde hace más de 15 años lo he escuchado enseñar e impartir el mensaje de este libro en muchos foros, conferencias e iglesias. Puedo dar fe del sorprendente fruto en la vida de las personas y el impacto en muchas iglesias debido a las simples verdades inmutables que Arne ha comunicado. Tiene una habilidad única para equipar y empoderar a las personas hacia una cosecha efectiva.

Su vida, su regalo y el mensaje contenido en este libro han tenido un impacto significativo en mi vida personal y en mi familia. Ha empoderado a los programas de discipulado y liderazgo de los que soy responsable, y he descubierto que ha provocado una mentalidad de cosecha fresca y expectante en todos nosotros.

Recomiendo encarecidamente este libro para las personas y las iglesias que desean tener las herramientas para SOLO HAZLO en el área del evangelismo diario dirigido por el espíritu.

Andrew Hughes
Líder The Point Church Network

Por fin lunes es un recurso valioso para todos los miembros de la iglesia. Es simple pero transformativo en su enfoque para compartir el evangelio. Se puede leer repetidamente con un impacto significativo. Es práctico y accesible. Si los principios se comparten en este libro se aceptan verdaderamente, entonces puede cambiar tu vida, cambiar tu iglesia, ¡incluso cambiar el mundo! Por fin tenemos un libro como Por fin lunes.

Steve Wilkins
Líder Ministries Without Borders - Canadá

Corrie Ten-Boom, que tenía una hermosa forma de simplificar problemas espirituales complejos, dijo una vez "¡Mantenlo simple, Santo!" ¡Es el método simple de teología! Arne Skagen ha captado bien este tipo de simplicidad en su libro Por fin lunes. Su refrescante subtítulo evangelización cotidiana para cada día personas le habría hecho sonreír a Corrie.

Arne lleva el evangelismo de las torres de marfil teológicas y filosofía complicada a la tarea sencilla que simplemente nos desafía a contarle a las personas acerca de Jesús. Sus ilustraciones personales, consejos prácticos y puntos de vista bíblicos le dan al lector la oportunidad de que la Palabra de Dios los inspire a vencer algunos de los temores que muchos de nosotros tenemos cuando se trata de compartir nuestra fe.

Por fin lunes se vendió bien en la Noruega natal de Arne, y junto con este elogio, he orado que tenga un éxito aún mayor en todo el mundo, para que el cristiano normal y cotidiano pueda participar en el evangelismo cotidiano. La triste realidad es que las encuestas en todo el mundo evangélico muestran que la mayoría de los cristianos no disfrutan de la alegría de un estilo de vida constante de evangelismo. El libro de Arne, si Dios quiere, ayudará a cambiar eso.

"Así que la fe viene como resultado de oír el mensaje, y el mensaje que se oye es la palabra de Cristo" (Romanos 10:17) para tomar los principios de Arne y, como un sabio pescador que arroje su red al lugar correcto, traiga una captura de pecadores redimidos.

Danny Lehmann, líder de JUCUM en Hawaii

Contenido

Prefacio	1
Introducción	5
Comentarios	9
Capítulo 1: Impulsado por el amor	11
Capítulo 2: Es abundante la cosecha	29
Capítulo 3: Enviado con una misión	47
Capítulo 4: Cooperando con el Espíritu Santo	65
Capítulo 5: La comprensión de la lengua de la cosecha	91
Capítulo 6: Juntos en la cosecha	111
Apéndice: Propuesto plan de trabajo para la cosecha	133
Apuntes finales	136

Prefacio

Mi vida ha sido un viaje increíble desde el día en que decidí entregarle mi vida a Jesucristo y seguirlo. El viaje ha estado lleno de emocionantes aventuras y desafíos con victoria y derrota. Estoy tan agradecido al Señor que me llamó, y que me ha colocado en una abundante cosecha trabajando junto a mis hermanos y hermanas en todo el mundo.

Dedico este libro a mi esposa Kjersti, mi mejor amiga y compañera en el ministerio; y a Silje, Sunniva, Solvor y Svanhild; mis cuatro hijas maravillosas; que han tenido que compartir a su padre con tantos otros por muchos años.

También me gustaría dar gracias a mis amigos y colegas en Kristent Nettverk y Ministerios sin Fronteras, con quienes he trabajado durante los últimos doce años. Me han desafiado e inspirado en el ministerio del Reino de Dios.

Un agradecimiento especial a Erlend Evenstand, quien con sus habilidades de edición ha sido invaluable en el proceso del manuscrito.

Finalmente, me gustaría agradecer a todos los que trabajan en la cosecha que siguen fielmente al Señor de la cosecha día tras día para alcanzar a aquellos que aún no lo han aceptado. ¡Sean alentados! La Gran Comisión se llevará a cabo, porque Jesús está "con Ustedes siempre, hasta el fin del mundo."

Introducción

Te despiertas en tu cama, descansado y listo para otra semana. Por fin lunes, y ya estás lleno de expectación, hacia el día que acaba de comenzar. Vas al baño, te miras en el espejo y piensas: "Yo soy amado." Entonces comienzas a charlar con él por quién estás amado.

La evangelización comienza en el cuarto de baño el lunes por la mañana. Nace de una comunión viva e íntima entre tú y Dios. Él nos llena de su amor, alegría y paz, para que desbordemos y toquemos a nuestros amigos, vecinos, compañeros de trabajo y todos los que queremos que experimenten el amor de Jesús. Se trata de llegar con el poder y el amor de Dios de una manera natural y relajada. Se trata de llegar a nuestra red de relaciones, en la que Dios nos ha colocado con un propósito.

«Por fin lunes» no es un libro para aquellos que están en busca de las técnicas o métodos de evangelización. El libro no describe una forma humana, sino una estrategia celestial donde caminaremos junto con el Espíritu Santo en nuestro barrio, en nuestro círculo de amigos, en el trabajo - en todas partes donde la gente se reúne y se congrega. Vemos lo que el Espíritu Santo ve, oímos lo que él oye y tratamos de obedecer cuando nos pide que actuemos. Esta es la vida que quiero compartir con ustedes. Por eso he escrito este libro.

Estás rodeado de cosecha madura. Tu iglesia también. En los últimos años hemos visto varios ejemplos - en Noruega y otros países - de cómo Dios ha transformado una iglesia introvertida a ser un cuerpo vivo y actuando. Que las personas sean salvadas todos los días ya no es una idea poca realista. En varios lugares, durante largos períodos, hemos visto que suceda. No sólo una vez, sino varias veces.

La mies está grande, y la cosecha está madura. Jesús tiene toda la razón. El Señor del otoño nos enseñará a ver la cosecha, y llevarla a casa. Mi oración es que el Espíritu Santo te hablará a ti cuando leas este libro, y te dará la fe de que pueda suceder. Entonces la evangelización no será una actividad que hacemos, o - con una punzada de culpa - no lo hacemos. La actividad que antes llamamos evangelización fluirá naturalmente de nuestra vida en el

Espíritu Santo. Nos despertamos el lunes por la mañana con una anticipación feliz por lo que "Dios en nosotros" pueda hacer.

¿Esto suena como un método? Es lo contrario: es una estrategia celestial.

La gracia de Jesucristo, el amor de Dios y el Espíritu Santo, sea con todos ustedes en la obra de la cosecha.

Bergen, junio de 2012. Arne G. Skagen

Comentarios

Los nombres de las personas de las que hablo en los ejemplos e historias a lo largo del libro han sido cambiado por el bien de la privacidad de los mencionados. Es mi deseo que este libro tenga ejemplos e historias de la vida real, así que he querido contar historias reales de la vida cotidiana. Sin embargo no he sido capaz de obtener el permiso de todos los involucrados. Por lo tanto, he elegido hacer anónimo las personas mencionadas.

1

Impulsado por el amor

El amor de Dios en un hogar de ancianos

Sara trabaja en un hogar de ancianos. Durante mucho tiempo ha estado orando a Dios para los residentes de la casa. A Sara le encantan los ancianos y un día le corre el amor a la actuación. Ella va al gerente y le pregunta si podía permitirse invitar a algunos amigos de su iglesia, para hablar con los ancianos y orar por ellos.

El director está un poco sorprendido, pero después de pensarlo un momento, responde que sí, que se puede permitir. Con una condición:

"Siempre y cuando se haga de una manera respetuosa."

Yo soy amigo de Sara, uno de dos amigos de la iglesia que una mañana viene con ella al hogar de ancianos.

Es interesante conocer a estas personas que tienen una larga vida a sus espaldas. Muchos tienen mucho que contar. Al mismo tiempo - al acercarnos a ellos - más que uno dice que siente ansiedad sobre el futuro. Han alcanzado la edad de expectación de vida. El hogar es, con mucha probabilidad, la última parada. ¿Qué pasa después? ¿Hay algo más que esperar?

Hablamos con los ancianos y compartimos el evangelio con ellos. Hablamos acerca del plan de salvación de Dios, acerca de por qué vino Jesús, y lo que él pueda ofrecer: un futuro y una esperanza. El amor de Dios toca a varios de los residentes. En algunos una lágrima aparece en la esquina de sus ojos. Otros toman nuestras manos y dicen que están muy contentos de que estemos aquí.

En una de las mesas está sentada Yudy. Ha pagado atención mientras que hemos compartido el evangelio. Cuando le preguntamos qué piensa acerca de lo que hemos dicho, dice:

"En esto creo."

Nos sentamos a la mesa, tomamos la Biblia y leemos un verso.

"que si confiesas con tu boca que Jesús es el Señor, y crees en tu corazón que Dios lo levantó de entre los muertos, serás salvo.»[1]

"¿Te gustaría recibir a Jesús?" preguntamos.

"Sí, quiero", dice Yudy con una voz alta, solemne. Con unas simples palabras invita a Jesús en su vida.

Yudy es la primera para recibir a Jesús, pero no la única. Durante la tarde siguen otros cinco.

Con Sarah como el punto medio, los mayores han comenzado a reunirse para la oración, la lectura de la Biblia, el consumo de café y la comunidad social. Se reúnen un par de veces a la semana, en un retiro completamente normal.

La fuerza motriz es el amor de Dios

No es una coincidencia que empiezo a hablar de Sara. Ella nos muestra lo que es la fuerza motriz de toda la evangelización: el amor de Dios.

Dios ama a la gente. Dios ama a todas las personas, con un amor que estuvo dispuesto a sacrificar todo.

"Porque tanto amó Dios al mundo, que dio a su Hijo *unigénito, para que todo el que cree en él no se pierda, sino que tenga vida eterna.»[2]

> *La evangelización no se trata de nosotros y lo que nosotros podemos lograr. Se trata de Dios y lo que él ha logrado - a través de su hijo Jesús.*

La Biblia nos dice que

"Dios ha derramado su amor en nuestro corazón por el Espíritu Santo que nos ha dado"[3]

Es este amor que es la fuerza motriz cuando compartimos a Jesús con los demás.

"El amor de Cristo nos obliga.»[4]

He conocido a muchos cristianos que se ponen mal de la conciencia cuando se habla de la evangelización. Ellos saben que deberían compartir el evangelio con los demás. Pero ven el evangelismo como un deber molesto y una carga pesada.

Suelo decir, que "si lo sientes así, ni siquiera piensas en compartir el evangelio. Por el amor de Dios, ni se te ocurre hacerlo».

La respuesta sorprende. Algunos se ponen indignados: "¿No quieres que la gente escuche el evangelio? ¿No te preocupes la salvación de la gente»?

Por supuesto que sí. Pero el evangelio es la buena noticia. Es el mensaje sobre el amor de Dios para nosotros en Cristo Jesús. Entonces es importante que el embalaje coincide con el contenido. El mensajero y el mensaje no deben contradecirse. Si nos deja guiar por el sentido del deber o la culpabilidad, o una mezcla de ambos, será difícil expresar el amor de Dios. Entonces es mejor no hacerlo.

El evangelio se trata del amor de Dios. Lo que le impulsa a Sara, no es ni el sentido del deber ni la culpabilidad, sino el amor de Dios.

El amor que Dios tiene para los habitantes del hogar de ancianos, le ha extendido a Sara. Por lo tanto, Sara no sólo explica la buena noticia - Sara es la buena noticia en el hogar.

El amor de Dios en la cafetería.

Estaba en una cafetería con un líder de la iglesia. Con una taza de café, hablamos de cosas importantes acerca del reino de Dios. Habíamos estado sentados un rato hablando, cuando una mujer con dos niños pequeños entró y se sentó en la mesa de al lado.

Mientras charlamos, tuve un sentido del amor de Dios por la madre de los hijos. No vi ninguna escritura en la pared, no oí ninguna voz celestial. Sólo recibí un tranquilo sentido del amor de Dios hacia ellos.

Seguimos hablando de lo nuestro. De vez en cuando salió la sensación de nuevo, pensé en los tres en la mesa de al lado, pero no actué. No quería interrumpir la conversación con el líder de la iglesia, después de todo discutimos cosas importantes acerca del reino de Dios.

Al final, la mujer se levantó y dejó la cafetería con sus dos hijos.

«¿La conoces?», le pregunté al líder de la iglesia, después de que la puerta se cerró detrás de ellos.

El líder de la iglesia lo niega. «No la conozco, pero sé cómo se llama».

Esa noche me quedé pensando en la mujer y sus dos hijos. No pude dejar atrás el incidente en la cafetería, y finalmente fui al Internet y busqué su número de teléfono. No me sentí muy seguro al marcar el número..

«Buenas tardes, mi nombre es Arne Skagen. No sé, pero puede que me recuerdas de tu visita en la cafetería hoy.. estuve sentado en la mesa de al lado con otro hombre».

Hubo una larga pausa. Entonces la mujer dijo: «Al decir eso, quiero decir que si recuerdo que habían dos hombres sentados en una mesa vecina, si.».

Me aclaré la garganta y finalmente llegué al caso:
«Cuando les vi a ti y a tus hijos en la cafetería hoy, era como si Dios me dijo algo. Por eso te llamo ahora. Creo que Dios te dice que te vea. Él te ama y tiene grandes planes para ti y para tus hijos».

Cuando terminamos la llamada a los pocos minutos, la mujer dijo que se alegraba de lo que había dicho. Me dio las gracias por haberla llamado.

Unos días después recibí un correo electrónico de mi amigo que me dijo que la misma mujer había aparecido en una reunión en su iglesia el domingo siguiente. Después de la reunión, dijo, la mujer les había contado que quería ser cristiana y aceptar a Jesús.

Vivir cerca de Jesús

Voy a contar algunas historias en este libro. En muchos de ellos, yo juego uno de los papeles. Se trata invariablemente de papeles secundarios.

el papel principal pertenece al Espíritu Santo. Siempre es él quien juega el papel principal cuando Jesús se convierte en realidad viva en una persona. Pero ya que el Espíritu Santo vive dentro de nosotros, él nos invita a entrar en una interacción, donde llegamos a jugar algunos papeles secundarios importantes.

¿Por qué he contado estas dos historias? Nos muestran la manera más común que el Espíritu santo nos guía, que su amor nos habla y nos impulsa hacia otras personas.

Para que esto pueda ocurrir, es esencial que vivamos cerca de Jesús.

> *Cuanto más cerca vivimos a él, más nos podemos acercar a los que él ama.*

En los evangelios vemos la importancia de la comunidad con el padre para Jesús. Se dio prioridad a esto por encima de todo. Incluso en días de gran afluencia, cuando las personas le presionan por todos lados, él podía retirarse para estar con su padre.

A menudo, se fue a la montaña, en la Biblia, las montañas son lugares para la revelación. En las montañas Dios muestra su verdadero rostro, aquí revela su ser más íntimo.

Moisés experimentó lo mismo. Mientras los israelitas estaban preocupados por cómo Dios podía satisfacer sus necesidades, Moisés, el líder del pueblo, tenía otro enfoque. Estaba preocupado con el mismo Dios. Moisés fue llamado a la montaña para encontrarse con Dios. En las montañas se enteró de la verdadera naturaleza de Dios, sabiendo que Dios consideraba a Moisés como su amigo.

El rey David fue llamado un hombre conforme al corazón de Dios. De ninguna manera era perfecto, pero él era un hombre que confiaba en Dios.[5] En muchas situaciones experimentó que

«El Señor habla confidencialmente con los que le temen.»[6]

Dios quiere lo mismo para nosotros; que le conozcamos, para que él nos pueda hablar de forma confidencial.

«Pido que el Dios de nuestro Señor Jesucristo, el Padre glorioso, les dé el Espíritu de sabiduría y de revelación, para que lo conozcan mejor»[7]

La evangelización no es una actividad, sino una expresión natural surgido de nuestra relación con Jesús.

Cuando conocemos a Dios, vivimos cerca de Jesús y estamos llenos del Espíritu Santo, podemos conocer a gente con seguridad y confianza. Conocemos al padre, quien conoce a todas las personas. Cuando nos encontramos con personas, llevamos su presencia con nosotros, para que ellos puedan experimentar el amor de Dios.

Con seguridad y confianza.

Cuando tienes una oportunidad de compartir el evangelio con alguien, puede ser que rápidamente sientes miedo, esto es un miedo humano. Puede ser que pensamientos de ansiedad se acumulan en la cabeza.

«¿Qué pensará de mí si digo esto? ¿Me ignorará? ¿Se reirán o se murmuran de mí? ¿Qué pasa si no puedo encontrar las palabras adecuadas? ¿Y si no entiende ni una jota de lo que estoy tratando de explicar?»

Somos muchos los que hemos tenido estos pensamientos. ¿Te ha pasado esto alguna vez? Muchos hemos experimentado esto. Bienvenido al club.

Vamos a examinar este miedo humano. Observe lo que sucede cuando el miedo humano interpone tu confianza. De repente todo se trata de mi y yo y lo mío. De pronto soy yo quien está en la palestra, mientras que Dios imperceptiblemente ha sido empujado a segunda plaza. Toda la atención está en mis pensamientos, mis sentimientos, mis miedos. Por lo tanto, la mentalidad será defensiva y negativa.

Por la mayoría, yo puedo elegir lo que quiero hacer con mi miedo humano: si voy a dejar que me controle, o si voy a manejarlo. He aquí unos consejos:

> *concéntrate en lo que Jesús piensa de la persona con quien hablas, no lo que la persona piensa de ti.*

Cuando lo hago, a menudo experimento que «el amor *perfecto echa fuera el temor"[8] mientras estamos empujados por un deseo sincero de que la gente experimente el amor de Dios, mi experiencia es que muchos responden positivamente.

Dios ha escogido la gente común como tú y yo para compartir el evangelio. Pablo escribe que

«Tenemos este tesoro en vasijas de barro».

¿Por qué? …

«para que se vea que tan sublime poder viene de Dios y no de nosotros». [9]

Por eso no miramos obsesivamente a nuestros propios defectos y fracasos. Mantenemos el foco en el tesoro: el hecho feliz de que el reino de Dios ya está cerca. El reino de Dios se ha acercado tanto hasta que el Espíritu Santo vive dentro de nosotros. A menudo debo recordarme esto a mi mismo. «Arne - levanta la barbilla, levanta tu mirada. Recuerda que el Espíritu Santo vive dentro de ti. El hecho de que el Espíritu Santo vive dentro de nosotros hace una gran diferencia (voy a escribir más sobre esto en los capítulos 3 y 4). Con él podemos conocer nuevas personas y confrontarnos a nuevas situaciones con seguridad y confianza.

Hace unos años estaba visitando a unos amigos en los Estados Unidos. Ellos pertenecen a una iglesia en Illinois que tiene un gran corazón para la pequeña ciudad donde viven. Todos los sábados por lo general, alguien de la iglesia visita a una prisión estatal. Traen comida y bebida para los presos, y luego cantan y predican el evangelio. Cuando mis amigos me preguntaron si yo quería venir con ellos en una visita a la prisión, les respondí que sí.

En el coche camino a la cárcel, uno de mis amigos dice:

«Hay una cosa que hemos olvidado a decirte: hoy eres tú quien va a predicar para los presos!»

Al principio pensé que era una broma, una broma pesada, pero amistosa. Pero ninguno de los demás se rieron, así que me di cuenta de que hablaban en serio.

El miedo se apoderó de mí. «Pronto me encontraré con algunos de los criminales más duros de Illinois. ¿No sé qué puedo decir para convencerlos?» Pensamientos y experiencias negativas hicieron cola en mi cabeza, y en cuestión de segundos, habían esposado toda mi audacia.

Llegamos a la prisión, y nos acompañaron a una habitación donde unos treinta prisioneros ya estaban esperando, junto con varios guardias.
Pensamientos febriles llenaron mi cabeza: «¡Jesús, yo no puedo hacer esto! No sé qué decir!»

Mientras mis amigos (si todavía quería llamarles amigos.. no estuve seguro de eso..) comenzaron a tocar y cantar. Intenté poner en orden mis pensamientos. Me dije a mi mismo: «Arne, Jesús te ha llamado a seguirle. Él te ha llamado para compartir la buena noticia. Él ha prometido estar contigo todos los días, eso incluye el día de hoy. Comparte lo que yace en tu corazón, Dios asegurará de que la palabra tendrá impacto.»

Mentiría si dijera que me paré delante de los presos sin nerviosismo y miedo humano. Con rodillas temblando me levanté y compartí algunas palabras sencillas sobre lo que Jesús ha hecho por mí, de cómo ha llenado mi vida con amor.

También dije que Jesús vino a liberar a los cautivos.

Cuando terminé, respiré profundamente y miré por la audiencia:

«Jesús está aquí en este momento. Él les puede liberar. Él les solucionara de sus pasados y les dará un nuevo futuro.»

Apenas podía creer lo que veía cuando los primeros prisioneros comenzaron a venir adelante. Uno tras otro vinieron, y finalmente, cerca de la mitad se habían entregado a Jesús, junto con un par de guardias.

Aquel sábado me di cuenta de que a pesar de que puedan aparecer miedos y carencias humanas en muchas situaciones, nunca debo olvidar de quien vive dentro de mí - quien está conmigo todos los días.

Pertenece a la historia que todavía sigo siendo muy amigo de la gente de la iglesia en Illinois. Hoy incluso les puedo agradecer por darme este desafío, que hizo que me ayudó aprender y crecer.

Motivado por la oración

No quiero terminar el primer capítulo antes de escribir algo sobre la oración. Es crucial que el evangelismo sea impulsado por el amor de Dios. Pero es igualmente importante que sea motivado por la oración.

Toda evangelización comienza con la oración. Como dijo una vez John Wesley: «Toda la obra de Dios se lleva a cabo a través de la oración.»

En su primera carta a Timoteo Pablo escribió:

«recomiendo, ante todo, que se hagan plegarias, oraciones, súplicas y acciones de gracias por todos» [10]

En el mismo párrafo, explica porque la oración es tan importante: porque Dios quiere que «todos sean salvos y lleguen a conocer la verdad.»[11]

Cuando oramos estamos pavimentando un camino para Dios, de la misma manera que Juan Bautista despejó un camino para Jesús.

«Preparen en el desierto un camino para el Señor; enderecen en la estepa un sendero para nuestro Dios. Que se levanten todos los valles, y se allanen todos los montes y colinas; que el terreno escabroso se nivele y se alisan las quebradas. Entonces se revelará la gloria del Señor, y la verá toda la humanidad.»[12]

En las vidas por quienes oramos, hay altas montañas, valles profundos, caminos torcidos y senderos rocosos. Son cosas que les impiden ver y recibir la salvación de Dios.

«Preparen el camino del Señor»,

es un comando para todos los que oran, y una estrategia que podemos utilizar en el trabajo de la evangelización.

Pero, ¿cómo debemos orar? No siempre es fácil saber cómo: «... no sabemos que debemos orar para orar efectivamente». Afortunadamente, tenemos el Espíritu Santo. Incluso

«el Espíritu mismo intercede por nosotros con gemidos que no pueden expresarse con palabras".[13]

Él conoce a las personas por los que oramos. Él sabe de las montañas altas y los valles profundos de las vidas, él conoce los caminos torcidos y las piedras tumbadas en el camino.

El Espíritu Santo conoce los obstáculos. Por lo tanto, no hace falta usar nuestras oraciones para informarle de lo que él ya sabe. En lugar de ello, debemos permitir que el Espíritu Santo nos informe a nosotros. A veces, entonces, podemos experimentar que nosotros mismos somos las respuestas a las oraciones. Cuando tú oras por tus vecinos, colegas o compañeros de clase, debes prepararte a que Dios te devuelve el dedo a ti diciendo: «A través de ti voy a bendecir a estas personas».

Por lo tanto, debemos añadir, al final de nuestras oraciones por los demás: «Señor, aquí me tienes, mándame a mí.»

La oración perseverante

En la Biblia hay muchas promesas relatadas a la oración.

«Pidan, y se os daré».[14]

«Lo que pidan en mi nombre, yo lo haré».[15]

«Cualquier cosa que ustedes pidan en mi nombre, yo la haré; así será glorificado el Padre en el Hijo».[16]

Más de una vez, estimulado por las promesas, he decidido a «permanecer en la oración» para aquellos que quiero ver salvados. Inicialmente funciona muy bien, oro hasta que los nudillos se pongan blancos. Pero después de un tiempo pierdo el compromiso. Las oraciones disminuyen y el enfoque desaparece.

¿Soy yo el único que ha experimentado esto?

Por fin lunes

¿A ti también te ha pasado? Bien, entonces somos dos.
He aquí algunos consejos que me han ayudado.
Relájate. Demasiado esfuerzo sofoca la vida de la oración. Para intercesores cansados el señor dice:

«Quédense quietos, reconozcan que yo soy Dios».[17]

La oración trata de dejar que el espíritu de Dios está en nosotros, actuando. Nuestra contribución es estar abiertos, receptivos y disponibles al Espíritu.

Anote. En un cuaderno puedes anotar los nombres por los que oras. También puedes anotar las cosas que el Espíritu Santo te recuerda durante la oración. Cuando las respuestas de la oración lleguen, el cuaderno se convierte en un libro de gratitud.

Encuentras un compañero de oración. Muchas de las promesas de oración bíblicos se dan a dos o más personas que oran juntos. «Si dos de ustedes en la tierra se ponen de acuerdo sobre cualquier cosa que pidan, les será concedida por mi Padre que está en el cielo.» Encuentre un compañero de oración que comparte tu corazón a la gente. Oren por los amigos del otro, animamos el uno al otro y hazles responsables el uno al otro.

Sea persistente. Déjate motivar por las palabras de Pablo a las Gálatas:

«No nos cansemos de hacer el bien, porque a su debido tiempo cosecharemos si no nos damos por vencidos.»[18]

Una señora que conozco había orado por su marido durante

cuarenta años. Cada día, durante cuarenta años. Son 14.600 días de oración. Ella no había orado sola, durante periodos, amigos de la iglesia la habían acompañado.

Después de cuarenta años, algo sucede. Una persona de la iglesia se pone en contacto con el hombre y le pregunta si quería participar en un curso «Alpha», una introducción a la fe cristiana. La mujer le había preguntado lo mismo varias veces, pero siempre su respuesta había sido no. Ahora, cuando la pregunta viene de otra dirección, ¡la respuesta es sí!

La tercera noche durante el curso Alpha el hombre acepta a Jesús. Hacia el final de la noche se levanta y dice: «Durante cuarenta años, mi esposa ha orado por mi, que yo fuera cristiano. Esta noche ha recibido respuesta. Me he decidido: quiero dar mi vida a Jesús y voy a seguirle el resto de mi vida.»

1. Romanos 10:9
2. Juan 3:16
3. Romanos 5:5
4. 2 Corintios 5:14
5. 1 Samuel 13:14
6. Salmos 25:14
7. Efesios 1:7
8. 1 Juan 4:18
9. 2 Corintios 4:7
10. 1 Timoteo 2:1
11. 1 Timoteo 2:4
12. Lucas 3:4-6
13. Romanos 8:26
14. Mateo 7:7
15. Juan 14:14
16. Mateo 18:19
17. Salmos 46:10
18. Gálatas 6:9

2

La cosecha está madura

Iglesia desanimada

Una iglesia me había invitado a hablar en un seminario sobre evangelización. Era una iglesia grande con varios centenares de miembros.

Una iglesia grande, pero desanimada. En una reunión, uno tras otro de los miembros entraron adelante y dieron testimonio de lo poco abertura que había para el evangelio en aquella ciudad, donde la mayoría de la gente parecía desinteresada.

La iglesia había tratado de conocer personas nuevas, realmente lo habían intentado. No hubo falta de iniciativas y acciones de divulgación. Había habido un montón de trabajo duro, de lo que dijeron, y pocas frutas. En los últimos años apenas había visto una sola persona llegar a creer.

Escuché lo que decían. El desánimo parecía sincero. En vista de la mala experiencia que habían tenido, parecía totalmente comprensible.

Después de un tiempo me decidí a preguntar el Espíritu Santo. ¿Qué pensaba el de la situación en la ciudad? ¿Era tan arraigada como parecía? ¿Podría ser que él veía algo diferente de los demás?

El Espíritu Santo respondió, y me llenó de expectación y alegría. Tenía una expectación a lo que Dios quería hacer en la ciudad. Alegría en términos de personas que estaban en punto a experimentar el amor de Dios.

En una reunión en la iglesia, compartí mi expectación y mi alegría. Después mencioné algunos nombres que pensé que el Espíritu Santo me había recordado. (A veces me habla de esa manera, por recordándome nombres. Puede ser que te habla a ti en maneras diferentes. El Espíritu Santo nos habla de mil maneras diferentes).

Mencioné los nombres:
María
Martín
Catarina
Juan
Lisa
Incluso algunos más - unos diez - quince en total.

Para cada nombre que fui mencionando, me di cuenta de que

había alguien en la audiencia que asintió con la cabeza en reconocimiento.

«Estas personas son parte de la cosecha», les dije. «Oremos por ellos».

Después de orar por estas personas, animé a los que les conocían a ser valientes los próximos días. «Comparten el amor de Dios de maneras que sean naturales para ti." Además, les pedí invitarlos a una reunión o a un grupo pequeño en la iglesia.

Muchos respondieron que sí a las invitaciones - los que habían invitado parecían que eran muchos los que respondieron si - y varios de ellos aceptaron a Jesús durante los días siguientes. A lo largo de las semanas y meses que siguieron, incluso más personas llegaron a la fe.

Todo era fruta de que juntos escuchamos al Espíritu Santo, y que luego actuamos por los impulsos.

Es abundante la cosecha

«Es abundante la cosecha», [19]

Jesús dice en Lucas 10.

No le importa ni justificar la reclamación. Lo afirma como un hecho. No hay nada que discutir: es abundante la cosecha.
En Lucas 10 Jesús no oró para la cosecha. En su lugar, oró para los trabajadores, que son pocos.

«Pídanle, por tanto, al Señor de la cosecha que mande obreros a su campo».

«Cosecha abundante» significa «mucha gente». Así siempre lo he pensado. Sin embargo creo que Jesús nos quiere decir algo más cuando usa la frase «cosecha abundante».

¿Qué es la cosecha, exactamente? Cosecha representa un estado muy avanzado, una etapa tardía del proceso. Una semilla está colocada en el suelo. Se ha alimentado en forma de luz y agua. La semilla ha comenzado a germinar, y con el tiempo ha hecho su camino a través de la corteza terrestre. Por último, se encuentra en el campo como un total de mazorcas de maíz, listos para ser cosechadas. La semilla ha alcanzado un estado de cosecha madura.

Es de la misma manera con mucha gente. Han llegado tan lejos en la búsqueda de Dios, que se asemejan a cosecha madura. No necesitan más pruebas de la existencia de Dios. No necesitan más folletos, testimonios o tortitas con mermelada de fresa. Lo que necesitan es que alguien les descubre, les tome en serio, y les llevan los últimos pasos hasta la decisión.

Cuando Jesús dice que la cosecha es abundante, significa que muchas personas están dispuestas a recibir y aceptar su salvación.

Hoy tú tocas cosecha madura

Probablemente has oído la frase «Los árboles no te dejan ver el bosque» Tiendo a torcerlo y decir:

«Las personas no te dejan ver la cosecha ».

Este es nuestro mayor desafío en la obra de la cosecha. Jesús dice que es abundante la cosecha, pero no llegamos a ella.

Nuestro mayor desafío es, al mismo tiempo, la estrategia principal del enemigo. A él le gustaría hacernos creer que la cosecha es poca, ya que la poca cosecha solamente - de mala gana y con mucho esfuerzo - se permitirá cosechar. Nuestras propias experiencias a menudo parece confirmarlo: evangelización y cosechar son trabajos duros y complicados, que proporcionan mucho trabajo y poca fruta.

Creo que Jesús quiere mostrarnos una forma de trabajar que implica menos esfuerzo y más fruta.

Permíteme compartir un sueño que he tenido.

Estuve en medio de un campo. Un campo enorme que se extendía en todas direcciones, rodando hasta alcanza la vista. Dondequiera que me di la vuelta podía ver cosecha ya madura, mazurcas de maíz gorditas y amarillas, listas para ser cosechadas.

Fue un espectáculo increíble que me llenó de entusiasmo. Pero después de un tiempo, la emoción se cambió a frustración. Me quedé mirando el enorme rectángulo amarillo, luego me quedé perplejo:

« ¿Señor, por donde empiezo la cosecha? ¿Debo empezar por

aquí? ¿O es mejor empezar desde el otro lado - de ahí? ¿No sé cómo abordar esto...?»

El señor de la cosecha dijo:

«Arne, mira hacia abajo».

Miré hacia abajo. Entonces me di cuenta de los dedos del pie de mis zapatos, que tocaron a mazurcas maduras.

El señor de la cosecha dijo:

> *«¿Por dónde empezar? Simplemente puedes recoger la cosecha que tocas tu mismo».*

El sueño me llenó de alegría y de paz (justo eso me da la fe de que el sueño proviene de Dios). Déjate que Jesús te lleve a un viaje. Camine con él a través de tu barrio, tu lugar de trabajo, tu círculo de amigos, tu familia. Pídele que te muestre lo que está pasando en la gente que tienes a tu alrededor, lo que él está haciendo en sus vidas. Te aconsejo mirar, escuchar y sentir con todos tus sentidos, bien abiertos. Déjate capturar por lo que Jesús te quiere enseñar.

Si no te ocurre nada de inmediato, no te desanime. Estás a punto de embarcarte en un viaje de descubrimiento con el Señor de la cosecha. Él es el maestro, tú eres el alumno. Sé paciente y confidente, confíe en que tu maestro sabe lo que está haciendo. «Vengan, síganme, Jesús dijo a los primeros discípulos.

«...y los haré pescadores de hombres».[20]

Él dice lo mismo a ti y a mí.

Una de las primeras cosas que nos quiere enseñar es esto: estamos rodeados de abundante cosecha.

Síndrome 4M

Jesús y los discípulos están en el camino de Jerusalén a Galilea. Toman el atajo a través de Samaria, la misma zona donde muchos toman desvíos, para evitar encontrarse son los odiados samaritanos.

Cuando vienen a Sicar en Samaria, cansados y hambrientos, los discípulos van a la ciudad para encontrar comida. Jesús no viene, se siente junto a un pozo fuera de la ciudad. Aquí conoce a una mujer que vive una vida pecaminosa. Jesús no la condena, pero le enseña un amor que la hace olvidar porqué se fue al pozo. Ella deja su jarra de agua, entra en la ciudad y les dice a todo el mundo ahí:

«Vengan a ver a un hombre que me ha dicho todo lo que he hecho».

Cuando los discípulos encuentran a Jesús en el pozo, la comida sigue siendo lo único que se interpone en sus cabezas:

«¡Rabí, come algo!»

Jesús replica:

«Mi alimento es hacer la voluntad del que me envió.»

Luego reprende a los discípulos.

«No dicen ustedes: ¿"Todavía faltan cuatro meses para la cosecha"? Yo les digo: ¡Abran los ojos y miren los campos sembrados! Ya la cosecha está madura.»[21]

Muchos cristianos hoy en día tienen la misma actitud que los discípulos en Sicar:

«Hoy no, sino dentro de unos cuatro meses, entonces cosas grandes ciertamente puedan pasar...».

Yo lo llamo «síndrome 4M» (síndrome de cuatro meses). Es común entre el pueblo de Dios. Añadimos un buffer de cuatro meses en nuestras oraciones y las expectativas con Dios. Él dice:

«éste es el momento propicio de Dios; ¡hoy es el día de salvación!»

Respondemos: «Dentro de cuatro meses es el momento adecuado, entonces será el día de la salvación.»

Los cuatro meses representan nuestras frutas de experiencias, experiencias negativas en la obra de la cosecha. Empujando todas las expectativas hacia el futuro, protegemos a nosotros mismos contra la decepción y la derrota de hoy. El problema es que simultáneamente nos controlamos contra las oportunidades que Dios nos da aquí y ahora. Perdemos la expectativa de que las personas se pueden salvar hoy.

La mujer del pozo de Sicar no se vio afectada por el síndrome M4. Ella no se sentó esperando una oportunidad adecuada para hacer testimonio sobre Jesús. Ella dejó la jarra de agua e inmediatamente fue a la ciudad, una ciudad que resultó estar llena de cosecha madura.

«Muchos de los samaritanos que vivían en aquel pueblo creyeron en él por el testimonio que daba la mujer (…)»

Minutos antes, los discípulos habían estado en la ciudad. Ellos tenían mucho más que decir acerca de Jesús que la mujer samaritana. Pero no lo hicieron. Todo lo que ellos pensaban era satisfacer sus propias necesidades, que en ese caso fueron; alimentos, de manera rápida.

Cuando los discípulos se acercaron a la ciudad «no vieron la ciudad por las personas». No vieron la cosecha hasta que Jesús les instó a mirar hacia arriba y ver: todas las personas que se encontraban en camino a Jesús, después de haber escuchado el testimonio de una mujer que se olvidó de lo suyo, en su afán de contar sobre Jesús.

Hoy es el día de salvación

Un joven me preguntó si quería orar por su madre. Dijo que había orado por ella durante varios años, que aceptara a Jesús. Por supuesto le dije que sí.

Antes de empezar a orar, pregunté al Espíritu Santo: «¿A qué se supone que oro?»

Es una pregunta que me suelo preguntar. Simplemente porque

no tengo ni idea de qué decir. Por lo tanto le pido al Espíritu Santo que «el mismo intercede por nosotros con gemidos que no pueden expresarse con palabras».

Al mismo tiempo, pensé: «El hijo dice que ha orado por su madre durante varios años. Sabemos que Dios responde a las oraciones que están en consonancia con su voluntad. Uno más uno son dos.»

A veces estamos tan acostumbrados a orar por alguien que no nos damos cuenta cuando Dios responde. En realidad no esperamos respuestas a la oración. ¿Esto podría ser el caso esta vez?

Cuando le pregunté al Espíritu Santo, tuve la sensación de que su madre no necesitaba más oración. Ella estaba dispuesta a aceptar a Jesús. Pero necesitaba ayuda para hacerlo.

«¿Podemos llamar a tu madre?, le pregunté al joven.

Inmediatamente se puso un poco sorprendido, pero sacó el teléfono celular del bolsillo, marcó un número y me entregó el teléfono.

«Su hijo me dice que ha orado por ti durante años», le dije a la madre.
«No me sorprende», ella respondió. «Él es un niño cariñoso y bueno.»

«Has dado pensamiento en que si quieres tener paz con Dios?» le pregunté.

«Últimamente si, lo he pensado bastante, dijo, y agregó: «Pero yo no entiendo muy bien cómo va a ocurrir.»

Entonces le dije lo fácil que era. Jesús ha hecho todo lo que hay que hacer para tener paz con Dios. Todo lo que nos hace falta hacer es aceptar el regalo y decir gracias. Le conté lo que significa aceptar a Jesús como Señor y Salvador, y dar su vida a él.

«¿Te gustaría hacerlo ahora?», le pregunté.

En el fragor del momento ella respondió que sí. Oramos una oración sencilla para la salvación, antes de terminar la llamada.

Cuando le devolví el teléfono a su hijo, vi una lágrima en el rabillo de su ojo.

Una iglesia iba a organizar un curso Alpha y había colocado un anuncio en el periódico local. Un hombre que había visto el anuncio llamó para aprender más sobre el curso. Como él mismo dijo, tenía «un poco de curiosidad acerca de Jesús». Uno de los empleados de la iglesia le contó un poco sobre el curso, que es una introducción a la fe cristiana. Antes de colgar, le dio la bienvenida a la iglesia para el comienzo del curso, dentro de dos semanas.
Esto creyó entusiasmo en el comedor. Un hombre se mostró interesado en Jesús, ¡y quería participar en el curso!

Mi primer pensamiento fue: «¡Es genial!»

Mi segundo pensamiento fue: «¿Dos semanas? ¿Por qué el hombre tiene que esperar dos semanas, si se siente curioso acerca de Jesús hoy?»

Por fin lunes

Pedí el número de teléfono del hombre, y me levanté de la mesa.

Juan se sorprendió cuando le llamé, pero estaba dispuesto a hablar. Dijo que ya había decidido inscribirse en el curso Alpha.

Mientras hablamos, despejó un pensamiento en mi cabeza: «No tiene que esperar dos semanas. Si él quiere, él puede aceptar a Jesús hoy.»

Después de hablar un tiempo por teléfono, le pregunté si más bien continuáramos la conversación cara a cara, con una taza de café.

Juan respondió sorprendido: «¿Tienes tiempo para eso, ahora? Entonces eres bienvenido a mi casa».

Unas horas más tarde estábamos sentados en la sala de su casa, yo y otro hombre de la iglesia. Continuamos hablando sobre la fe, usando el mismo tono relajado y abierto como por el teléfono. Juan tenía más que «un poco de curiosidad acerca de Jesús».

Cuando le preguntamos si quería aceptar a Jesús en aquel momento, respondió que no veía ninguna razón para retrasarlo. Oramos una oración por él. En el sofá en su sala de estar recibió a Jesús.

Dos semanas más tarde, entró en el curso Alpha, para aprender más sobre Jesús, que acababa de tomar la decisión de seguir.

Orar «oraciones de hoy»:

Cuando Jesús se adelantó en la sinagoga de su ciudad natal de Nazaret, abrió el libro y leyó del profeta Isaías, donde está escrito:

«El Espíritu del Señor omnipotente está sobre mí, por cuanto me ha ungido para anunciar buenas nuevas a los pobres. Me ha enviado a sanar los corazones heridos, a proclamar liberación a los cautivos y libertad a los prisioneros, a pregonar el año del favor del Señor».

Después enrolló el libro. Mientras todo el mundo estaba mirándole con ansiedad, dijo:

«Hoy se cumple esta Escritura en presencia de ustedes».[22]

¡Hoy! Jesús mismo fue el cumplimiento de las Escrituras. Lo fue entonces, y lo es hoy.

«Jesucristo es el mismo ayer y hoy y por los siglos».[23]

La manera más eficaz para curar el Síndrome M4 es orar «oraciones de hoy».

«Señor, déjame vivir bajo un cielo abierto - hoy»

«Señor, déjame mirar y ver la cosecha madura que toco - hoy»

«Señor, déjame compartir la buena noticia con alguien - hoy»

«Señor, déjame llevar a alguien a ti - hoy»

Creo que estas son oraciones según el corazón de Dios,

«pues él quiere que todos sean salvos y lleguen a conocer la verdad».

Orar oraciones de hoy hace algo conmigo. Me llena de expectación, hacia el día de hoy. Me hace exclamar: «¡Por fin lunes!» Ayer es pasado.

«Mañana tendrá sus propios afanes»

Pero hoy puedo servir a Dios, seguirle a Jesús y ser obediente al espíritu Santo.

La cosecha está madura

Aquí y ahora, mientras estoy escribiendo la conclusión del capítulo 2 sobre la cosecha madura, suena el alarma de mi teléfono. (no, esto no es algo que estoy inventando para crear un drama hacia el final del capítulo). ¡Casi se me olvida! Tengo una cita. Voy a reunirme con Eva de la iglesia.

Cuando hable con ella hace un rato, dijo con un suspiro:

«Me resulta tan difícil compartir el evangelio con los colegas de mi trabajo. ¿Qué debo decirles? ¿Cómo puedo llegar a ellos?»

Traté de animarla.

«Eva, no debes esforzarte por compartir el evangelio. Dios te dará eventos naturales. Recuerde que cuando estás llena del Espíritu Santo, el amor de Dios está presente. Es inevitable para tus colegas no notar eso.

La advertí que sea especialmente alerta al liderazgo del Espíritu Santo en la semana que tenía por delante.

«¿Tal vez alguien comparte un problema personal contigo? A menudo eso es un señal. ¿Por qué comparten esto contigo, no? Porque tú tienes la respuesta a los retos y los problemas: Jesucristo».

Unos días más tarde, eso es exactamente lo que sucede. Un colega en el hogar de ancianos donde trabaja, viene y confía en Eva.

«La enfermedad ha vuelto a estallar.»

Eva siente compasión hacia ella. Al mismo tiempo recuerda la conversación que tuvimos. ¿Un señal?

Eva pregunta a su colega: «¿Me permites orar por ti, junto con algunos de mi iglesia?»

Esta es la razón por qué suena una alarma de mi teléfono ahora: voy a reunirme con Eva. Juntos vamos a pagar una visita a su colega.

La vuelta

Nos lo pasamos muy bien en la casa de la colega de Eva. Ella se iluminó cuando llegamos, y se alegró de que queríamos orar por ella. Nos pusimos las manos sobre ella y oramos por el poder, la fuerza y la sanidad de Dios en la situación difícil. Compartimos las buenas noticias sobre Jesús con ella. Quería recibir la salvación. También le gustaría unirse a la comunidad de Eva de la iglesia. Claro, la compañera del trabajo podría haber buscado una iglesia cristiana para pedir oración. Pero hubiera sido un camino más largo para ella. Ahora era más bien Jesús quien la vio a ella a través de una colega cristiana. Eva no había planeado llevar a su colega a Jesús, solo quería mostrarle un poco de consideración. A menudo no hay más tomas: Pequeños actos realizados con gran amor puede abrir el camino a la fe para nuevas personas.

Fui interrumpido en mi escrito, pero no descarrilado. La pequeña interrupción resume lo que he tratado de decir en el capítulo dos: es abundante la cosecha. Tú y yo tocamos cosecha madura con nuestros dedos de pie de los zapatos. No tenemos que esperar cuatro meses para cosecharla. Podemos hacerlo hoy. Hoy es el día de salvación.

19. Lucas 10:2
20. Mateo 4:9
21. Juan 4:1-42
22. Lucas 4:18,19
23. Hebreos 13:8

Enviado con una misión

Declaración del Programa.

En un día de reposo en el comienzo de su ministerio público, Jesús entró en la sinagoga de Nazaret, como lo solía hacer, y leyó del profeta Isaías, donde esta escrito:

«El Espíritu del Señor omnipotente está sobre mí, por cuanto me ha ungido para anunciar buenas nuevas a los pobres. Me ha enviado a sanar los corazones heridos, a proclamar liberación a los cautivos y libertad a los prisioneros, a pregonar el año del favor del Señor».

Luego enrolló el libro y dijo:

«Hoy se cumple esta Escritura en presencia de ustedes».[24]

Jesús cumple la profecía de Isaías. Hace que las palabras del profeta sean su propio manifiesto: esto es lo que vino a hacer - a dar buenas nuevas a los pobres. No obstante, Jesús no se detiene con la predicación de la buena nueva - la demuestra en la práctica. Los cuatro Evangelios nos cuentan las historias de cómo los presos ganan la libertad, los ciegos recobran la vista y los oprimidos son liberados.

El escritor de los Hebreos dice que

«Jesucristo es el mismo ayer y hoy y por los siglos».

Esto debe significar que lo que Jesús hacía ayer, lo hace hoy. Pero Jesús está en el cielo, sentado a la diestra del Padre - ¿cómo va a hacer lo mismo como cuando caminaba sobre la tierra?

Porque la iglesia - su cuerpo - ¡está aquí!

Vivir la iglesia

La iglesia no es un edificio con una giralda y un torre en el techo. No se puede estar en una iglesia o ir a una iglesia. La iglesia es un cuerpo - el cuerpo de Jesús. [25] A través de la iglesia, Jesús quiere hacer lo mismo que hacía cuando caminaba sobre la tierra. Por medio de la iglesia quiere proclamar y demostrar que el reino de Dios ya está cerca. Por lo tanto, la declaración programática de la sinagoga de Nazaret, es la instrucción de trabajo parroquial de la iglesia de hoy. La instrucción del trabajo afirma que somos ungidos «para anunciar buenas noticias». En otras palabras, somos ungidos con un propósito.

La iglesia no es un edificio de materiales muertos. Consiste en

«piedras vivas, con las cuales se está edificando una casa espiritual». [26]

Jesús es la piedra angular de este edificio,[27] que consiste de personas que han aceptado a Jesús como Señor y Salvador, y llenos del Espíritu Santo trabajan juntos para completar la misión que nos ha dado.

Como discípulos, pertenecemos no solo a Jesús. También nos pertenecemos el uno con el otro. Estando juntos como hermanos y hermanas, somos capaces de cumplir la misión que Jesús nos ha dado. (Este punto es tan importante en este libro, que he dedicado el último capítulo enteramente a esto.)

El cuerpo comienza a funcionar

«Estamos tan cansados de reuniones y actividades», el hombre dijo por el teléfono. Dijo «nosotros» porque hablaba en nombre de varios: el mismo, su esposa y algunos amigos.

«¿Qué desean?», le pregunté.

«Deseamos vivir la vida sobre que leemos en la Palabra de Dios», respondió. «Pero no tenemos ni idea de cómo esto pueda suceder.

Dos semanas más tarde, nos reunimos en su sala de estar en su casa. Éramos catorce personas. Comimos pan, bebimos té y compartimos sueños. Un amigo mío habló de algunas verdades fundamentales de la Palabra de Dios. Después compartimos cosas que pensamos que Dios nos había enseñado: saludos personales y palabras de aliento y edificación. Oramos para muchos de los que estaban presentes, y algunos fueron curados.

No todos los que estaban presentes en la habitación habían aceptado a Jesús. Cuando experimentaron la comunión cálida y vieron los regalos del Espíritu funcionando, algo les sucedió. Dos de ellos aceptaron a Jesús esa misma noche.

Dos semanas después, nos encontramos de nuevo, en la misma casa. Ahora habían aún más personas en la sala de estar. Los rumores se habían extendido. La gente estaba entusiasmada. La predicación había encendido una nueva esperanza entre ellos. Dones espirituales habían empezado a funcionar, el poder de Dios había sido visible entre nosotros. Lo mismo sucedió esta tarde y las noches siguientes. Dios tocó a gente de muchas maneras diferentes.

El cuerpo de Jesús había comenzado a funcionar. Al terminar el primer año, podíamos mirar hacia atrás con gratitud a un «año del favor del Señor». Habíamos experimentado que el Espíritu del Señor estaba sobre nosotros, y muchos habían aceptado a las buenas nuevas que nos había ungido para predicar.

La sala se quedó pequeña, y actualmente la congregación se reúne en un edificio más grande. Pero la iglesia no es la construcción. Son las personas - el cuerpo. El cuerpo de Jesús.

El objetivo es siempre las personas

Cuando los discípulos se llenaron del Espíritu Santo en Pentecostés, algo les sucedió. No solo comenzaron a hablar otras lenguas «según el espíritu les daba que hablar."[28] La habitación donde se habían reunido, de pronto pareció muy apretado. Se separaron de su comunidad segura - tenían que salir: ¡salir de la habitación, a las calles de Jerusalén, para el pueblo!

Cuando vivimos llenos del Espíritu, el nos guiará a la gente. El objetivo es siempre las personas. Es por eso que Jesús nos llena con el Espíritu: para que seamos sus testigos.

«Pero cuando venga el Espíritu Santo sobre ustedes, recibirán poder y serán mis testigos tanto en Jerusalén como en toda Judea y Samaria, y hasta los confines de la tierra.»[29]

El día de Pentecostés, la gente de «todas las naciones bajo el cielo»[30]

Escuchó el testimonio sobre Jesús.

El Espíritu Santo se comunica con la gente a través de la historia, la lengua y la cultura.

Él quiere tocar, convencer, sanar, restaurar y liberar. Y lo quiere hacer a través de ti y mí - la iglesia, que es su cuerpo.

Claro, el hecho de que tú estás lleno del Espíritu Santo es importante para tu camino personal con Dios también. Pero es igualmente importante para los con quien te encuentras todos los días. La misión que has recibido es mayor que ti mismo. En el Espíritu Santo sobra para los demás también, no solamente para ti.

Muchas veces he orado: «Espíritu Santo, dame más de ti.»

El Espíritu Santo da la vuelta a la oración: «Arne, dame más de ti!».

Hay una gran diferencia entre recibir del Espíritu Santo y dejar que él nos recibe a nosotros. Esto fue lo que sucedió en Pentecostés. Los discípulos ya habían recibido el Espíritu Santo, cuando Jesús resucitado sopló sobre ellos y les dijo: «Reciban el Espíritu Santo».[31] Cincuenta días más tarde, recibieron «lo que el Padre había prometido»,[32] cuando fueron bautizados con el Espíritu Santo en Jerusalén.

Se dice que el Espíritu Santo «llenó toda la casa».[33] No solo la habitación donde se encontraban, pero toda la casa y la vida en general. En «la casa de la vida» de los discípulos antes habían habitaciones cerrados para el Espíritu Santo. Ya no. Ya no hay muestras de puertas «privadas» con las palabras «Prohibido el paso». Jesucristo llena toda la casa con su vida resucitado.

El Espíritu Santo convence de pecados

Después de que Pedro se ha llenado con el Espíritu Santo, se levanta y se dirige a una gran cantidad de Judíos piadosos «de todas las naciones bajo el cielo».[34] Los guía a través de los escritos y muestra cómo se han cumplido las promesas hechas a los Judíos a través de Jesús. Por último, concluye que

«a este Jesús, a quien ustedes crucificaron, Dios lo ha hecho Señor y Mesías».[35]

Cuando Pedro dijo esto, algo pasó con el público. El mensaje hizo que «se sintieron profundamente conmovidos». Estaban convencidos de sus pecados y le preguntaron a Pedro y a los otros discípulos:

«Hermanos, ¿qué debemos hacer?»

Un experimento mental: «¿Qué hubiera pasado si Pedro hubiera mantenido el mismo discurso el día anterior? El mismo discurso, palabra por palabra, el día antes de Pentecostés. ¿Qué hubiera pasado?

No mucho. No era el argumento persuasivo de Pedro que hizo que el público se sintió conmovidos. Fue el Espíritu Santo quien los convenció de sus pecados.

El Espíritu Santo sigue haciendo esto hoy en día también.

La convicción de pecado es asunto suyo, no nuestro.

Sin embargo, debo admitir que a veces he intentado ayudarle. He tenido poco éxito. La única cosa que logro haciendo esto, es convencer a la gente que no hay razones porqué continuar la conversación con Arne Skagen.

Una mujer en Inglaterra me dijo que hablaba con un adivino que le había dicho que podía esperar cinco años terribles en su vida. Dos semanas más tarde, mientras ella y su marido cenaban en un restaurante, una lámpara se aflojó del techo, se cayó y golpeó al hombre en la cabeza. Fue gravemente herido y estuvo en coma durante varias semanas. Debido al accidente, perdió su trabajo, y como consecuencia de esto, tenía varios problemas.

Un largo rato estábamos - yo y un amigo - escuchando a la mujer desesperada, en su propia sala de estar. Cuando terminó contando, mirando con curiosidad a nosotros, le presentamos a Jesús.

«Creemos que él va a hacer algo en tu vida», le dije.

La mujer respondió efectivamente: «Creo en Krishna. Debe ser suficiente.»

No me reñí. Había probado la sangre, y traté, de varias maneras, a convencer a la mujer que Jesús era único, algo totalmente especial, y que tenía el poder para liberarla.

No llegué a ninguna parte con ella. La sensación era como si hablar para oídos sordos.

Nos dislocamos del salón a la cocina. La mujer comenzó a preparar el té para nosotros. Alrededor de la mesa de la cocina, cada uno con nuestra taza de te humeante, continuamos la conversación.

Me sentí mas y mas frustrado. Mis intentos de convencerla estaban fracasando. La conversación se había convertido en un tira y afloja. La compasión que había sentido al principio, cuando ella nos contó su historia desesperada, estaba a punto de desaparecer.

En mi interior creció un grito desesperado, «Espíritu Santo, ayúdame. No llego a ninguna parte.»

Pronto me di cuenta de cual era el problema. Entendí que yo había tratado de convencerla, no en la fuerza del Espíritu Santo, sino con el poder de Arne Skagen. Tuve que pedir perdón a Dios: «Señor, perdóname… Espíritu Santo, hazlo tú, que tú eres el único que puede convencerla.

Poco a poco se despertó la conversación de nuevo, en un ambiente de manera progresivamente abierta.

En mi mente, empecé a oír una palabra. ¿Era un nombre? En tal caso era completamente desconocido para mí. Varias veces lo oí. Al final tuve que preguntar a la mujer acerca del nombre. Ella asintió en reconocimiento.

«Es uno de nuestros dioses, el dios de la confusión. Cuando compramos la casa, mi suegra la dedicó a este dios.

Mi amigo y yo nos miramos el uno al otro.

Le pregunté a la mujer si nos dejaría orar por la casa. Ella asintió con la cabeza. En el nombre de Jesús oré para que la confusión cediera y la paz de Dios restara en el resto de la casa a partir de aquel momento.

Después la mujer nos miró y dijo:

«Por favor, ayúdenme».

« ¿Qué podemos hacer por ti?»

«¡Díganme como aceptar a Jesús y ser perdonada de mis pecados!»

En mis propias fuerzas había tratado de convencer a la mujer. No tuve éxito. Cuando finalmente me di por vencido, el Espíritu Santo tomó el control y convenció a la mujer, que necesitaba a Jesús y su perdón.

Todos somos testigos

En el Evangelio de Juan. Jesús dice que es enviado por el Padre para cumplir una misión. No sólo lo menciona así, sin más… cuarenta veces en el mismo evangelio, Jesús usa la frase «enviado».

A los discípulos, Jesús dice:

«Como el Padre me envió a mí, así yo los envío a ustedes.»[36]

Si eres discípulo de Jesús, significa que eres enviado. Todos somos testigos, si somos conscientes de eso o no. Lo denotamos a través de nuestras palabras, pero aún más a través de lo que hacemos. A veces puedes haber experimentado lo mismo que yo - que lo que haces ahoga lo que dices. «No oigo lo que dices, tu vida habla tan potentemente».

Sobre sí mismo, Jesús dijo, con bastante audacia: «Si ustedes realmente me conocieran, conocerían también a mi Padre. Y ya desde este momento lo conocen y lo han visto.»[37] Con la vida que vivía, Jesús demostraba al padre al mundo. Lo mismo es cierto para nosotros hoy. La forma en que ejerzo mi profesión, la forma en que me refiero a otras personas, la forma en que manejo mi dinero y los bienes - todo esto tiene que ver con la captura de gente para Jesús.

No estamos en cualquiera situación dependiendo en oír la voz de Dios, o de otras maneras recibir revelación para poder ser testigos de Jesús. Simplemente podemos decidir vivir como sus testigos todos los días. Se trata de una elección consciente. Es una manera de vivir, una forma de vida. Así el Evangelio se ha extendido por todo el mundo a través de personas que, agarrados por Jesús, han compartido sus vidas con los demás, y han transmitido el amor de Dios a través de palabras y acciones.

El mejor ejercicio de entrenamiento para un discípulo es estar de cuclillas: inclinarse, para levantar a los demás.

Testigo en palabra y acción

Tomas creció en una familia cristiana, activa en la iglesia. En la adolescencia, rechazó tanto la iglesia como la fe.

En la edad adulta, Tomas se encuentra de nuevo con Dios, y opta por acudir a Jesús y llenarse del Espíritu Santo. Encuentra la Biblia que había apartado hace muchos años, y comienza a leerla con gran curiosidad. Cuando regresa a la iglesia a la que una vez había dejado, la gente nota que algo ha pasado con él: con necesidad y resplandor Tomas habla de gente que conoce que aun no ha encontrado a Jesús. Tomás encuentra su lugar en la iglesia y asiste a misa los domingos. No obstante, cuando el fin de semana ha terminado, no lo toma muy pesado, porque al comenzar una nueva semana, él es uno de aquellos que en su mente piensa: ¡Por fin lunes!

Por profesión Chris es carpintero. Es un hombre tranquilo y educado, no tiene muchas palabras grandes. Durante las horas del trabajo, prefiere dejar hablar la herramienta. Cuando oímos que la gente en el círculo de Chris ha experimentado el amor de Dios, no es principalmente por causa de la elocuencia de Chris, sino por sus habilidades prácticas.

Chris se extiende mucho por sus clientes. Hace un poco más sin cobrar por ello. Trabaja generosa y abundantemente, tanto para los clientes como para el Señor. Algunos de los que él ha conocido a través de su trabajo, comienzan a encontrarse con él, y Chris construye amistades con ellos.

Cuando habla con la gente sobre su fe, no se convierte en modo de predicación. Él utiliza el mismo lenguaje común cuando habla de tablones y construcciones.

Algo sucede alrededor de Chris. Cada vez más personas aceptan a Jesús. Sucede en días laborables regulares, en el trabajo o en casa. Este carpintero tranquilo es un testigo de Jesús tal y cual donde está. Cuando estás con Chris notas cual es su secreto: con calma y tranquilidad abundante hay cuidado y amor por los demás.
«Todo es obra del Espíritu Santo», dice Chris acerca de lo que

sucede a su alrededor. Añade que depende totalmente de tener una estrecha comunión con el Espíritu Santo para vivir la vida que vive.

Escuchar y practicar

No es particularmente controversial señalar - como lo he hecho en este capítulo - que ser un discípulo de Jesús significa ser enviado al mundo por Jesús. Como Jesús usa la frase «enviado» cuarenta veces solo en el Evangelio de Juan, la mayoría asiente con la cabeza usando lo oigan.

Asentir asentimiento es algo que se hace con la cabeza. Esto significa que entiendes lo que se dice de una manera intelectual, con la cabeza. En la parábola del sembrador, que nos cuenta Jesús, hubieron muchos los que hicieron eso. Escucharon la palabra de Dios y aparentemente la entendieron, pero la palabra nunca superó una raíz más profunda en ellos.

«…los que oyen la palabra con corazón noble y bueno, y la retienen; y como perseveran, producen una buena cosecha» [38]

estos son que deja la palabra echar raíces.

Los que toman el cuidado de la palabra «con corazón noble y bueno» no solamente adhieren intelectualmente a la palabra, sino que reciben la palabra con los cinco sentidos, y se fusionan con ella. Así la palabra lleva fruta en la práctica. Dicho más directamente, como en Santiago:

«No se contentan sólo con escuchar la palabra, pues así se engañan ustedes mismos. Llévenla a la práctica.»[39]

Cuando dejamos que la palabra vaya de la cabeza al corazón, y del corazón a los brazos y las piernas, vemos que las cosas comienzan a suceder alrededor de nosotros, las mismas cosas que sucedieron en torno a Jesús: Las personas son liberados para vivir la vida que Dios les ha creado para vivir.

Equipado para una misión

«El Espíritu del Señor está sobre mí»,

Jesús dijo en la sinagoga de Nazaret, usando las palabras de Isaías. En el mismo aliento, añadió:

«por cuanto me ha ungido para anunciar buenas nuevas a los pobres.»[40]

Jesús era ungido con un propósito. Con la unción era incluida una misión. Jesús estaba dotado para proclamar y demostrar que el reino de Dios estaba cerca.

Filipenses nos dice que Jesús era «por naturaleza Dios». Bajó del cielo y se hizo uno de nosotros, salvo acerca de un punto:

«tomó la naturaleza de siervo y haciéndose semejante a los seres humanos.»[41] Él era sin pecado. Al venir a la tierra de esta manera, despojado voluntariamente de «su propio», Jesús se hizo totalmente dependiente del Espíritu Santo. Solo en el poder del Espíritu Santo podía predicar con tal autoridad y hacer señales y maravillas.

«Jesús de Nazaret: cómo lo ungió Dios con el Espíritu Santo y con poder, y cómo anduvo haciendo el bien y sanando a todos los que estaban oprimidos por el diablo, porque Dios estaba con él.»[42]

La misma unción que llenaba a Jesús cuando caminaba sobre la tierra, está disponible para la iglesia de hoy. Jesús dice:

«Como el Padre me envió a mí, así yo los envío a ustedes».[43]

Esto significa: con la misma unción y la misma misión, Jesús nos envía. La unción nos da acceso al Espíritu que «nos enseña de todo». [44] La misión es

«que todos sean salvos y lleguen a conocer la verdad.» [45]

El equipo no se puede separar de la misión.

Entonces nos encontramos con actividades religiosas, celebradas en marcha por el poder humano. Desde luego, podemos continuar durante años de esa manera. Pero no hay que sorprenderse entonces, de que los esfuerzos no dan fruta. Es cuando empezamos a cooperar con el Espíritu Santo, quien habita en nosotros, que el trabajo realmente dará sus frutas.

La cooperación con el Espíritu Santo es el tema del próximo capítulo.

Por fin lunes

24. Lucas 4:18,19
25. 1 Corintios 12:27
26. 1 Pedro 2:5
27. 1 Pedro 2:6
28. Hechos 2:4
29. Hechos 1:8
30. Hechos 2:5
31. Juan 20:22
32. Hechos 1:4
33. Hechos 2:2
34. Hechos 2:5
35. Hechos 2:36
36. Juan 20:21
37. Juan 14:9
38. Lucas 8:15
39. Santiago 1:22
40. Lucas 4:18
41. Filipenses 2:7
42. Hechos 10:38
43. Juan 20:21
44. 1 Juan 2:27
45. 1 Timoteo 2:4

Cooperando con el Espíritu Santo

El papel principal pertenece al Espíritu Santo.

Escribo mucho sobre el Espíritu Santo en este libro. Es inevitable: él es el gran evangelista. El Espíritu Santo juega el papel principal en todo el trabajo de la cosecha, pero nos invita a entrar en papeles de soporte claves.

Es muy importante que tomemos tiempo para familiarizarnos mejor con el Espíritu Santo. ¿Quién es y qué es lo que quiere? ¿Cómo se da a conocer? ¿Cómo podemos escuchar su voz?

La cuestión de escuchar su voz es controversial. A lo largo de la historia, muchas personas han dicho y hecho un montón de extraño en referencia a que han escuchado la voz del Espíritu. ¿Debemos, por tanto, no seguir las instrucciones del Espíritu al pie de la letra?

La solución no es «apagar el Espíritu»,[46] sino

«a prueba para ver si es de Dios».[47]

La autoridad de control principal para evaluar si el impulso es del Espíritu Santo es la Biblia, la palabra de Dios. Si tenemos la corazonada de algo que resulta ser contraria a la palabra de Dios, podemos concluir con seguridad que el impulso no es de Él, y dejarla por muerta.

Al decir esto, la Biblia nos da ninguna alternativa de »vivir por el Espíritu». [48] En Hechos vemos una y otra vez como el Espíritu Santo habla a los discípulos y les muestra lo que deben decir y hacer.

El Espíritu Santo es un espíritu comunicante. Jesús le llama «El Consolador». ¿Debe significar que habla, no? Jesús dijo acerca del Espíritu Santo que:

«el Consolador, el Espíritu Santo, a quien el Padre enviará en mi nombre, les enseñará todas las cosas y les hará recordar todo lo que les he dicho.» [49]

en otra parte dice:

«Mis ovejas oyen mi voz; yo las conozco y ellas me siguen.»[50]

Por lo tanto, esto no es el capítulo para el súper espiritual, es para discípulos comunes como tú y yo.

Comunicación confidencial

Cuando Jesús había sido bautizado en el río Jordán, el Espíritu

Santo descendió sobre él. En el mismo momento se oyó la voz de su padre:

«Éste es mi Hijo amado; estoy muy complacido con él.»[51]

Antes de que Jesús hubiera iniciado en su misión, se llegó a escuchar estas palabras. El padre no le agradece al hijo por algo que ha logrado, no goza de una hazaña que ha hecho, no dice: «Bien hecho, muchacho.» En cambio, confirma su amor incondicional por su hijo.

A través del Espíritu Santo, nuestro padre celestial dice lo mismo a ti y a mí. Mi amado hijo. Mi amada hija. En ti tengo complacencia.

El amor del Padre añade un entorno seguro y confidencial para la comunicación entre ti y el Espíritu Santo. Siendo hijo o hija no tienes que alargar el cuello y escuchar tensamente si oír su voz. Relajadamente puedes recibir la voz conocida y amada de tu padre.

La evangelización es importante, pero nunca debe ser nuestra primera prioridad. Seguir a Jesús es lo más importante. Las frutas de la sucesión son muchas y variadas. Una de ellas es que Jesús, mientras caminamos, nos convierte en pescadores de hombres. [52]

Pasa tiempo en la presencia de Dios

Antes de que los viejos barcos de vela zarparon al mar, tuvieron que calibrar la brújula. Los buques se colocaban en una posición determinada, según balizas conocidas. Entonces la tripulación podía saber, con certeza, dónde estaban los puntos cardinales de norte, sur, este y oeste. Así el barco se encontraba en la posición correcta, calibrado por la brújula. De esta manera dependían de la brújula y sabían cómo mantener el rumbo fijo.

Del mismo modo, tenemos que ser calibrados en la relación con Dios. Esto sucede cuando pasamos tiempo en la presencia de Dios: al leer la Biblia, orar, adorar y escuchar al Espíritu Santo.[53]

En una vida con un montón de ruido de muchas direcciones, esto no es fácil. Tengo que tomarme el tiempo necesario para estar con Dios. A veces salgo al bosque o a la montaña donde puedo hablar con Dios a solas, y preguntarle acerca de las cosas en que pienso. Le escucho al Espíritu Santo. Otras veces pongo música suave en mi casa, y me siento en una silla cómoda.

No recomiendo un procedimiento en particular. A menudo Jesús buscaba a lugares desolados para estar a solas con el Padre.[54] Busca tus lugares y haz las cosas a tu manera. Lo que es importante es que averiguas que te ayuda a estar presente con el Padre.

Ten en cuenta esto: el padre siempre está presente. Somos nosotros los que tenemos que estar presentes con él.

Una atracción encalmada

Recuerdas la visita en la cafetería, de que hablé en el primer capítulo? Una mujer con dos niños entraron en la cafetería donde yo estaba, hablando con un líder de la iglesia.

No vi nada escrito en la pared, ni escuché ninguna voz desde arriba. Solo sentí un tranquilo sentido del amor de Dios hacia las tres personas en la mesa de al lado.

El Espíritu Santo raramente suscita su voz. La mayoría de las veces le reconocemos como un sentido silencioso en nuestro interior. A veces el sentido puede ser fuerte y casi irresistible, pero en su mayor parte, es silencioso y discreto. Así fue también para Elías, cuando se encontró con Dios en el Monte Horeb. No fue el viento, el terremoto o el fuego de Dios que él se dio a conocer, pero en el «sonido de un suave susurro». [55]

Es por eso que tenemos que entrenarnos para escuchar la voz del Espíritu. Entrenamos, pero lo hacemos con la actitud que vamos a actuar en obediencia al Espíritu Santo. Siempre debemos responder como Samuel:

«Habla, que tu siervo escucha.»

Inicialmente puede que esto se experimenta difícil. Pero es muy probable que con el tiempo descubrirás que cuando dices sí a las influencias del Espíritu en un momento, es más fácil decir sí a la siguiente. Tu primer sí disparara un nuevo sí, en una reacción encadenada de acciones de obediencia.

La respuesta de Samuel

Muchas veces oímos la voz de Dios sin comprender que es él quien nos habla. Esto no es un problema nuevo; Samuel en al Antiguo Testamento tuvo problemas con lo mismo. Su método para comprender que se trataba de la voz de Dios, es simple, pero eficaz. Yo lo uso a menudo.

A temprana edad Samuel sirvió en el templo en Jerusalén, bajo la supervisión del sacerdote Eli. Una noche Dos llama a Samuel. Samuel piensa que es Eli quien llama, y dice:

«Aquí estoy; ¿para qué me llamó usted?»

Esto sucede tres veces. Samuel oye la llamada de Dios, pero no se da cuenta de que es Dios. Él cree que cada vez se trata de la voz de Eli.

Es Eli quien finalmente se da cuenta de que es Dios quien trata de hablar con Samuel. Instruye al niño de lo que debe hacer y decir:

«Ve y acuéstate. Si alguien vuelve a llamarte, dile: "Habla, Señor, que tu siervo escucha."»[56]

Una vez mas, Dios le habla a Samuel. Por cuarta vez en la misma noche. Esto nos dice mucho acerca de la paciencia de Dios. Si en primer, segundo o tercer lugar no percibimos su voz, no se da por vencido. Él habla una y otra vez, tratando de alcanzar nuestra atención.

Observe lo que sucede la cuarta vez. La llave que abre la comunicación es la respuesta que Samuel da cuando Dios le habla. Samuel respondió: «Habla, Señor, que tu siervo escucha.»

¿Qué esta haciendo Samuel aquí? En lugar de promocionar una respuesta horizontal (a Eli), esta vez le da una respuesta vertical (a Dios). La voz que oye es el mismo que antes, pero ahora levanta los ojos y la respuesta tiene otra dirección. Está dirigida directamente hacia Dios.

Instantáneamente Dios comienza a hablar con él y compartir sus planes con él.

Samuel me ha enseñado algo importante cuando se trata de oír la voz de Dios. Me ha enseñado a levantar los ojos y darle una respuesta a Dios. Cuando me llega una idea tengo dos opciones: u optar por la fantasía, o elegir a darle a Dios una respuesta: « ¿Dios, puede ser Tú? ¿Realmente eres Tú quien me habla ahora?

Cuando tengo una idea, no lo analizo de un lado a otro, con todos los pormenores. En cambio doy una respuesta a Dios. Si el pensamiento no desaparece, sino que sigue trabajando en mi interior, elijo a creer que puede ser de Dios.

Otras veces, el pensamiento desaparece por sí mismo. Entonces el asunto es sencillo. No pienso más en el.

«Just do it!» / ¡Nada más, hazlo!

Estuve en una conferencia cristiana en Finlandia. Durante un descanso, me fui a tomar aire fresco. En el aparcamiento afuera había una mujer, apretando afanosamente a su teléfono.

Tan pronto como la vi, apareció una imagen en mi mente. Vi un par de viejas zapatillas con el lema de Nike.

¿Qué se puede hacer con una imagen así? Lo más obvio sería desistirlo inmediatamente. «¿Un viejo par de zapatillas Nike? ¡En serio!»

Qué sería la alternativa? Pues, animarse, acercarse a la mujer y decir: «Eh, discúlpeme, pero cuando te vi sentí una visión de un par de zapatillas caducados.»

Difícilmente se llama a esto un cumplido

Decidí recurrir a la respuesta de Samuel. Le dije a Dios: «Esto es una locura. Pero si las zapatillas son de ti, por favor que seas tan amable de darme algunas ideas más.»

Después de un tiempo me puse a pensar en el lema de Nike: «Just do it!» Así que tuve entonces una imagen y tres palabras. ¿Ahora me atreviera acercar a la mujer?

Con pasos vacilantes, comencé a caminar hacia ella. No me sentí particularmente inteligente. No tenía la buena sensación que describe Isaías:

«Qué hermosos son, sobre los montes, los pies del que trae buenas nuevas, del que proclama la paz, del que anuncia buenas noticias».[57]

Me aclaré la garganta. La mujer levantó la cabeza del teléfono. Yo dije: «A veces siento como si Dios me habla. Hace unos minutos me di cuenta de una imagen y algunas palabras que podrían ser para ti.»

(A menudo uso la frase «darme cuenta» en este tipo de situaciones. Esto permite que solo puede ser Arne Skagen hablando, no Dios.)

Le conté de la imagen de las zapatillas viejas.

«Y entonces me puse a pensar en el logotipo de Nike. Siento que el Señor te dice: ¡Nada más hazlo! (Just do it!)

Un instante después la mujer brincó de alegría, mientras recitó con entusiasmo una larga lista de palabras finlandeses. Después de un tiempo volvió de nuevo a hablar en Inglés.

Ella había estado en una relación con un hombre cristiano durante una temporada. Esta mañana él había propuesto matrimonio. Se sentía feliz, pero también un poco perplejo. ¿Era esto la voluntad de Dios? Por lo tanto, había enviado un mensaje a unos amigos que se habían reunido en otro parte del país. Les preguntó si podían orar a que se aclarara cuál era la voluntad de Dios.

Ahora, en la pausa llegó un mensaje de sus amigos: «Hemos orado a Dios. Creemos que él dice: «Just do it!»

Poco después vengo yo y le digo: «Just do it!»
Por eso se brincó de alegría, por sentir tanto «ilo» (alegría en finlandés).

Utiliza la cuota de equivocación

Hay esos momentos en los que Dios te ha dado la respuesta, pero todavía no estás seguro de lo que quiere que hagas. Entonces qué haces?

En tales casos, solo conozco una manera de averiguarlo: debo actuar. «Just do it!»

Pero si actúo, y resulta equivocado? Y si de todos modos no era Dios?

Bueno… y que? Como regla general, no ocurre nada más que mi orgullo toma un golpe (algo que de vez en cuando no está mal…). Además: somos humanos y los humanos cometen errores. Por lo tanto, Jesús ha dado a sus discípulos una cuota de burradas abundante. Frecuentemente me he aprovechado de este.

Estaba en una reunión cristiana. Hacia el final de la reunión abrieron para la oración personal. Yo estaba orando por una mujer. Oré con valentía para la salud, la energía y la fuerza.

Finalmente, oré para que Dios bendijera el niño que llevaba.

«Y pido que, cuando llega el momento, el nacimiento irá bien -».

La mujer abrió los ojos:

«No estoy embarazada».

Miré a mí alrededor con desesperación, pero no encontré ningún agujero en el suelo por donde desaparecer. Solo tenía que quedarme, y pedirle perdón desde lo más profundo.

«Está bien», ella dijo. Luego se dio la vuelta, y se fue.

Me alegro de que se me haya otorgado una cuota de burrada generosa. Lo bueno es que se convierte en cada vez menos uso, a medida que aprendo a reconocer las diferentes formas en que el Espíritu Santo me habla. Si pasaremos por algunos errores, no necesariamente significa que las personas no pueden experimentar el amor de Dios.

«El amor cubre multitud de pecados». [58]

También cubre las muchas equivocaciones y burradas.

Practicar, practicar, practicar

El Espíritu Santo nos habla de maneras diferentes a cada uno de nosotros. Para decirlo en lenguaje radiofónico: El

Espíritu Santo envía por frecuencias diferentes, adaptadas a tu dispositivo de atención personalizada.

Una buena oración como para empezar el día es esto: «Espíritu Santo, aquí estoy. Yo quiero trabajar contigo hoy. Hábleme y úseme.»

Con estas palabras sencillas te abres y te pones accesible para el Espíritu Santo. Tendrás la esperanza de que te va a hablar y usar, pero sin el estrés. Dios ha oído tu oración. El responderá. A menudo la cooperación con el Espíritu Santo empieza poco a poco. Poco a poco le permite que crezcas a tener una capacidad mayor acerca de respuestas y obediencia. Las mejores pistas de práctica para aprender a escuchar la voz del Espíritu, son las pequeñas comunidades donde nos sentimos seguros: con la familia, con los amigos o en grupos pequeños. Aquí estamos en un ambiente relajado mientras escuchamos al Espíritu Santo, podemos probar las ideas con los demás y con la palabra de Dios actuar sobre lo que creemos que el Espíritu nos muestra.

Yo estaba visitando un grupo pequeño en una iglesia. En aquel tiempo estaban practicando escuchar la voz de Dios, y actuar sobre lo que escucharon. Nos sentamos alrededor de la mesa y hablamos de gente que conocíamos que pensamos estaba abierta al Evangelio. Durante las conversaciones algunos nombres fueron mencionados.

Uno de los nombres era Carolina, una mujer adulta, conocida por una de las personas en el grupo. Oramos por Carolina, y nos pusimos de acuerdo a invitarla a la próxima reunión del grupo.

Unos días más tarde estaba predicando en otra asamblea de la iglesia. Una vez más, el tema era escuchar la voz del Espíritu. Me estaba moviendo por el salón mientras hablaba. Al pasar por una niña, un refrán de una canción famosa apareció en mi mente. No era una de mis canciones favoritas (por el contrario). Pero el refrán era tan pegadizo que no podía sacarlo de mi cabeza.

Me sentí molestado. Estaba enseñando y de repente esta estúpida canción se había pegado en mi cabeza.

Parte del texto describe un lugar específico en Inglaterra. Le pregunté a la chica de la que acababa de pasar: "¿Dime, esta canción te dice algo?"

"Mi padre viene de aquel lugar", dijo.

Antes de volver a la lectura, nos pusimos de acuerdo a orar por los padres de la niña. Oramos a que aceptaran a Jesús.

Jueves por la noche el grupo pequeño se reunió de nuevo. Carolina había aceptado la invitación y estaba sentada junto con nosotros a la mesa. Pasamos una noche agradable, en la que transmitimos en amor de Dios a Carolina de una manera natural. Antes de que la noche hubiera terminado, Carolina había aceptado a Jesús.

Cuando Carolina habló un poco más acerca de si misma, nos dimos cuenta de que ella era la madre de la chica que me había hecho pensar en la canción molesta. Sin darnos cuenta, habíamos orado por ella, el día anterior. La respuesta a la oración llegó 24 horas más tarde!

De este ejemplo aprendemos tres cosas: no despreciar a los pequeños comienzos (comenzó con dos grupos pequeños que practicaban a escuchar la voz del Espíritu). Además no limitar las formas en que el Espíritu Santo nos habla (usó una canción molesta). Al final, aprendemos algo sobre lo que puede significar una comunidad cálida e inclusiva. Fue a través de esta comunidad que Carolina recibió la salvación.

Un pensamiento se convierte en un milagro

Jesús fue perseguido porque había sanado a un hombre enfermo un sábado. Para aquellos que le persiguieron, Jesús dijo:

"Mi Padre aun hoy está trabajando, y yo también trabajo."[59]

Jesús continuó:

"Ciertamente les aseguro que el hijo no puede hacer nada por su propia cuenta, sino solamente lo que ve que su padre hace, porque cualquier cosa que hace el padre, la hace también el hijo".

Todo lo que Jesús hizo fue iniciado por el Padre. Jesús observó lo que papá hizo y lo llevó a la tierra. Así se cumplió la oración que enseñó a sus discípulos a orar:

"hágase tu voluntad en la tierra como en el cielo". [60]

Las palabras de Jesús acerca de lo que hace el Padre, añade una nueva dimensión a mi vida cotidiana como un discípulo. Cuando sé que "mi padre aun hoy está trabajando", en cualquier momento y en cualquier lugar puedo pedirle que me muestre lo que él está haciendo. Esto hace la vida como discípulo muy emocionante. ¿Qué hace el padre ahora? Y: ¿Me atrevo a poner en práctica lo que me muestra en este momento?

Estaba sentado en el sofá con las piernas casualmente pausadas en la mesa. (En otras palabras, mi mujer no estaba en casa.) En mi posición relajada, le dije a Dios: "Si tienes algo en mente, simplemente déjame saberlo. Como puedes ver, nada más estoy aquí en el sofá."

Mientras estaba así en el sofá, llegué a pensar en un joven de quien había oído hablar hace un año. Tuve algunas ideas acerca de este hombre.

¿Mis propios pensamientos? ¿O los pensamientos de Dios? Una vez más tuve la elección, podía descartarlo como fantasía o podía actuar.

Elegí la segunda opción. Resultó que el hombre vivía en el extranjero. Tardó un tiempo seguirle la pista, pero al final encontré el número de teléfono. Marqué el número, me presenté y conté porque recibió esta llamada tan peculiar.

"Siento que Dios tiene un llamado a ti, y que Él te quiere

utilizar de una manera especial."

El hombre no se consideraba cristiano, pero lo que le dije provocó tanta resonancia en el (me lo dijo más tarde) que poco después tuvo un enfrentamiento con su antigua vida y se entregó a Jesús. Luego, Dios le ha utilizado a llevar a muchas personas a Jesús.

Un simple pensamiento se puede convertir en un milagro cuando damos el amor de Jesús una expresión práctica, y hacemos lo que Él nos pide que hagamos.

Dios habla en sueños.

Si te quedas sentado en el sofá con los pies sobre la mesa durante mucho tiempo, la próxima parada puede ser los sueños. Esto no impide que el Espíritu Santo te habla. En la Biblia encontramos una serie de ejemplos en los que Dios habla a las personas a través de los sueños. Todavía lo hace.

Estaba visitando una iglesia en los Estados Unidos. Una noche mientras estaba ahí, tuve un sueño en el que vi a un hombre caminando por algunas aldeas, perforando para agua. Cuando me desperté a la mañana siguiente, me acordé del sueño. Me imaginé que esto podría llevarse a cabo en un país como India. Mientras pensaba en el hombre que había visto en el sueño, me vino a la mente el nombre Tom.

No conocía a ningún Tom en esta iglesia, y no había oído hablar de un proyecto de perforación en India. Lo único que podía hacer era dar mi respuesta Samuel. Le dije a Dios: "Si quieres que haga algo más que orar, estoy aquí. Úseme".

En la reunión el domingo al día siguiente, mientras que compartí la palabra de Dios, había un hombre en la audiencia que me llamó la atención. Era el hombre que había visto en el sueño!

Cancelé la predicación, y pregunté al hombre: "¿Tú nombre es Tom?" El asintió, y yo compartí el sueño con él.

Tom dijo que era perforador de profesión. Últimamente tenía algunos pensamientos de ir a India para ayudar con la perforación en algunas aldeas ahí.

Mientras que Tom compartía estos pensamientos, me vino una imagen a la mente. Vi una gran multitud de gente en torno a un pozo, escuchando el evangelio. Muchos recibieron a Jesús.

Compartí la visión con Tom y la iglesia.

Junto con un amigo, Tom recogió dinero para financiar más pozos. Viajaron a India y comenzaron el primer proyecto de perforación de pozos. El día en que se abrió el primer pozo llegaron miles de personas de varios pueblos de los alrededores. El compañero indio de Tom, Peter, les dijo a los presentes que el pozo era un regalo para ellos de parte de Dios. Peter compartió el evangelio con todos los que estaban allí y la mayoría de ellos dieron sus vidas a Jesús.

Todo esto me contó Tom en un correo electrónico hace algún tiempo.

Se inició en el invisible, con un sueño de noche. Yo hice mi parte, Tom hizo su parte y Peter el suyo. Resultado: el Evangelio fue predicado en una aldea en India, y mucha gente llegó a la fe. Hoy en día hay varias comunidades vivas en esta zona.

Una batalla para luchar

"Vivan por el Espíritu",[61] Pablo insta a los Gálatas. Sin embargo no hace promesas que esta vida será sin resistencia y lucha.

En su carta a los Efesios escribe:

"Porque nuestra lucha no es contra seres humanos, sino contra poderes, contra autoridades, contra potestades que dominan este mundo de tinieblas, contra fuerzas espirituales malignas en las regiones celestiales."[62]

Tenemos una batalla para luchar en la obra de la cosecha. Es importante tener en cuenta que la lucha no es contra las personas, es fácil tan pronto a pensar eso… cuando Jesús en Mateo 10 y Lucas 10 instruye a los discípulos acerca de cómo tratar a las personas que no lo aceptan, ni quieren oír su mensaje, no pide a sus discípulos a tomar las armas en contra de ellos. En cambio se les pide a

"salir de esa casa o de ese pueblo, sacúdanse el polvo de los pies."[63]

Estamos luchando contra fuerzas espirituales, no personas. Estos poderes espirituales incluyen

"los deseos de la naturaleza pecaminosa. Porque ésta desea lo que es contrario al Espíritu, y el Espíritu desea lo que es contrario a ella. Los dos se oponen entre sí, de modo que ustedes no pueden hacer lo que quieren."[64]

Debido a que los obstáculos no son personas, no luchamos contra ellos y no por medios humanos.

"Las armas con que luchamos no son del mundo, sino que tienen el poder divino para derribar fortalezas. Destruimos argumentos y toda altivez que se levanta contra el conocimiento de Dios."[65]

Es interesante que David, en el Salmo 23, escribe sobre Dios:

"Dispones ante mí un banquete en presencia de mis enemigos. Has ungido con perfume mi cabeza; has llenado mi copa a rebosar." [66]

Lo primero que Dios unge frente a nuestros enemigos, es nuestra cabeza. Cuando el unge a nuestra cabeza significa que él quiere que pensemos sus pensamientos en todas las situaciones que enfrentamos - y no dejarnos limitar por nuestras mentes naturales y nuestra forma puramente humana de pensar. Dios unge nuestra cabeza para que podamos saber lo que somos y lo que tenemos. Somos nuevas criaturas,[67] y hemos recibido el Espíritu Santo que nos enseña todo sobre todas las cosas.[68]

El poder del Espíritu

"Ciertamente les aseguro que él que cree en mí las obras que yo hago también él las hará, y aun las hará mayores, porque yo vuelvo al Padre."[69]

No soy yo quien lo dice. Es Jesús. Lo que él hacía cuando caminaba sobre la tierra, lo va a hacer hoy. Lo hará a través de nosotros.

> *Estamos llamados a vivir de las realidades celestiales, en el barrio, en el trabajo, en el círculo de amigos. Tenemos los pies en el suelo, pero la cabeza en el cielo.*

Ya hemos escuchado la explicación de Pedro de como Jesús podía hacer las cosas que hacía:

"Jesús de Nazaret: cómo lo ungió Dios con el Espíritu Santo y con poder, y cómo anduvo haciendo el bien y sanando a todos los que estaban oprimidos por el diablo, porque Dios estaba con él."[70]

Cuando Jesús nos pide que hagamos lo mismo que él, únicamente significa lo que podemos hacer en el Espíritu Santo. Si tratamos de hacerlo con nuestras propias fuerzas, no sirve. Estamos consternados ante la idea. Esto sólo puede suceder cuando dejamos que el Espíritu y el poder de Jesús nos llena, nos habla, nos guía y trabaja a través de nosotros.

He trabajado como taxista en una ciudad noruega. Un nuevo cliente acababa de tomar su lugar en el asiento trasero.

No llevamos mucho tiempo antes de que empecé a sentir dolor en el cuerpo. El dolor estaba situado en lugares donde nunca antes había sentido dolor. No había ninguna razón natural por qué, de repente, sintiera este dolor. Tampoco no se rindió. Por el contrario, el dolor aumentó. En mi desesperación le pedí a Dios que interviniera.

Entonces apareció esta pequeña voz en mi interior: "Arne, no es tu dolor".

"¿No es mi dolor?", dije para mi adentro. "Sin duda, siento el dolor en mi cuerpo".

Entonces me di cuenta: El Espíritu Santo trataba de decirme algo. Justo antes yo le había pedido que me dejaría llevar a situaciones donde podría aprender a cooperar con él. Ahora me encontraba en medio de una situación de este tipo.

Cuando estaba ahí con el dolor en mi cuerpo, llegué a pensar en el número 22, pero eso no me decía nada… Llegamos a su dirección, leí el metro y ella pagó. Entonces me atreví y le dije:

"Esto puede que suena loco… pero a veces me parece que Dios me habla. Soy un taxista cristiano, ya ves. ¿Me permites hacerte una pequeña pregunta personal?"

La mujer asintió.

"¿A menudo tienes problemas con dolor en tu cuerpo?"

La mujer asintió con la cabeza otra vez.

"Aquí´´ aquí y aquí", le pregunté, señalando los lugares donde sentí el dolor.

"Eso es correcto", dijo. "¿Pero cómo lo sabes? ¡Si no me conoces!"

"¿Es cierto que has tenido estos síntomas durante 22 años?"

Se quedó pensando, luego asintió.

"¿Te importaría si yo dijera una oración por ti?" Le pregunté.

"Por supuesto que no", respondió la mujer.

Oré por la mujer en el asiento trasero, una oración para la curación. El dolor empezó muy pronto a desaparecer. Pero el mayor milagro fue que ella dio una respuesta positiva al evangelio. Antes de dejar el taxi había aceptado a Jesús. Algún tiempo después se unió a mi iglesia.

El mejor comunicador del mundo

Bien puede ser que te ríes de la historia del taxi. "Caso bastante especial". Simplemente lo cuento para ilustrar la forma creativa en que puede ser el espíritu Santo en su comunicación.

Haríamos bien en no limitarlo y pensar que solo se comunica de una manera particular. El Espíritu Santo habla como quiere, de mil maneras diferentes. Él es el mejor comunicador. Confía en que él habla así como tú lo entiendes - a través de todos tus cinco sentidos.

El Espíritu Santo es llamado el Consolador. Él habla a cada uno de nosotros. Dios nos creó diferentes, por lo tanto, nos habla de diferentes maneras. Recuerde que ninguna relación es más fuerte que la comunicación. Quiero animarte a embarcarte en un viaje emocionante donde exploraras cómo el espíritu Santo te habla a ti, exactamente, y cómo tú puedes hablar con él.

Escucha al Espíritu Santo. Ve lo que hace Papá. Da testimonios de Jesús. Todo esto se trata de una forma de vida. Si lo conviertes en una forma de vivir, te puedo prometer una vida emocionante.

He aquí algunos consejos para ti, si quieres crecer en esta manera de vivir:

- Ten una vida devocional vibrante. Llénate de la Palabra de Dios y deja que la Palabra viva en ti. Ora a Dios, no sólo para tus propias necesidades, sino también para otras personas.

- Habla con el Espíritu Santo. Escúchale a él. Pídele que te dejes caer en situaciones que te hacen conocer mejor a

Dios. No tengas miedo de cometer errores. No te tomes demasiado en serio a ti mismo.

- Lee libros. Déjate inspirar de historias de cómo viven los demás con el Espíritu Santo.

- Busca comunidad. Pasa tiempo con otros cristianos que viven una vida en el Espíritu. Deja que te ponen las manos encima y oren por ti.

- Ten anticipación. Solo puedes conseguir lo que esperas. Espera que Dios te hablará y te use como su brazo extendido.

- Sé obediente. Si no obedecemos y actuamos sobre lo que el Espíritu Santo nos dice, no pasará nada. Nunca dejes que el miedo te diga qué hacer, escucha al Espíritu Santo.

46. 1 Tesalonicenses 5:19
47. 1 Juan 4:1
48. Gálatas 5:16
49. Juan 14:26
50. Juan 10:27
51. Marcos 1:11
52. Mateo 4:19
53. Efesios 5:18-20
54. Marcos 6:32
55. 1 Reyes 19:12
56. 1 Samuel 3
57. Isaías 52:7
58. 1 Pedro 4:8
59. Juan 5:17
60. Mateo 6:10
61. Gálatas 5:16
62. Efesios 6:12
63. Mateo 10:14
64. Gálatas 5:16,17
65. 2 Corintios 10:4
66. Salmos 23:5
67. 2 Corintios 5:17
68. 1 Juan 2:27
69. Juan 14:12
70. Hechos 10:38

5

Comprender el lenguaje de la cosecha

Diosincidente - Una coincidencia de Dios en una cafetería

Estaba en una cafetería (no estoy en cafeterías todos los días, aunque así aparezca en este libro…). Estuve en la fila para pagar, cuando un anciano se acercó a mi. Me preguntó si podía ayudarle a llevar la bandeja con té y pasteles a su mesa.

"Por supuesto", respondí, y salí de la cola.

"Gracias", el hombre dijo, al poner la bandeja sobre su mesa. "Que tengas un buen día".

"Si, tú también", le dije, antes de empezar a buscar a las personas con quienes había accedido a reunirme: varios amigos cristianos míos. Les vi en un rincón de la cafetería, me estaban saludando con las manos.

Desde aquel rincón, podía ver a la parte posterior del anciano.

Por fin lunes

"¿Por qué se acercó a mí para pedir ayuda?" me pregunté a mi mismo. Podría haber pedido ayuda de lo muchísimos otros que estaban en la cafetería.

El momento siguiente me reprendí a mí mismo. "Relájate hombre. Toma las cosas con calma. No hagas esto más de lo que es: una de las casualidades de la vida."

Pero la caminata con el Espíritu Santo ha debilitado mi fe en las coincidencias. Sin embargo, creo cada vez más en "Diosincidentes": las reuniones y eventos a

"las cuales Dios dispuso de antemano a fin de que las pongamos en práctica".

"Discúlpenme un momento", les dije a mis amigos, me levanté y me acerqué al anciano. Él todavía estaba sólo.

"Me puedo sentar aquí con Usted?, "Le pregunté".

El hombre levantó la vista. Asintió con la cabeza y sonrió.

Tuvimos una charla agradable. El hombre tenía casi noventa años, y tenía mucho que contar, después de una larga carrera en el ejército. Mientras que los recuerdos fluyan por su mente, algunos pensamientos me llamaron la atención en mi mente. Se trataban de vacío y soledad.

Después de contar acerca de la carrera militar, dijo un poco acerca de su familia. Su esposa murió hace varios años. Los niños estaban viviendo en el extranjero. En lo que había sido un gran círculo social, pronto sería el único sobreviviente.

"Cómo te sientes, experimentando esto?", le pregunté.

El hombre bajó la mirada a la mesa.

"Un poco vacío. A veces me siento muy sólo y abandonado".

"Dios ve tu situación", le dije. "Incluso te puede ayudar a salir de la soledad".

Dios ya se había convertido en un tema de conversación, y parecía que al hombre, esto no le importaba nada. Seguía hablando con entusiasmo. Cuando le pregunté si quería aceptar a Jesús y encontrar la paz con Dios, él simplemente respondió:

"Si, quiero".

Al final, intercambiamos direcciones y números de teléfonos. Uno de mis amigos en la otra mesa es pastor de una iglesia local. El prometió seguir al hombre y ayudarle a convertirse en un discípulo de Jesús.

La cosecha habla

La cosecha está madura. Lo afirmamos en el capítulo dos. Ahora vemos que la cosecha tiene un lenguaje. la cosecha emite señales: habla. Si aprendemos a reconocer el lenguaje de la cosecha, estoy convencido de que nosotros, como individuos y congregaciones vamos a experimentar un gran avance en ver a las personas aceptar a Jesús.

La Biblia nos dice que Dios

"ha puesto eternidad en el corazón de ellos"[71]

Todo el mundo tiene un anhelo en su corazón del sentido del tiempo, la eternidad, hecho por Dios. Pero no todo el mundo es consciente de que es Dios el que anhelan.

Para llenar el vacío dejado por Dios, muchos recurren a religiones, pensamientos alternativos, la curación, escuelas alternativas, y más. Muchos son sinceros en su búsqueda, realmente quieren encontrar el sentido de la vida. No hay ninguna razón para que los cristianos se encogen de su búsqueda sincera.

El anhelo al infinito que Dios ha puesto en cada corazón de cada hombre, debe tener una expresión. Busca un lenguaje. Pero rara vez habla en mayúsculas. Muchas veces recurre a las palabras. Sin embargo, el idioma de la cosecha suena para aquellos que tienen un buen oído.

¿Recuerdas la conversación que tuviste con un compañero de trabajo - cuando compartió algunas cosas personales contigo? ¿O la vecina que estaba enferma? ¿La llamada telefónica que pensabas tomar para fomentar un pariente lejano que había terminado en un hogar de ancianos? ¿Tu compañero de estudios que, durante el almuerzo en la cafetería dejó brillar a través de sí con bastante frecuencia, que se sintió solo en el mundo?

Todos esto puede ser el idioma de la cosecha. La razón por lo cuál la gente envía estas señales cuando está contigo, es porque tú tienes la respuesta en tu interior. Jesucristo, él que se hace llamar

"el camino, la verdad y la vida".[72]

Es posible que te opongas; "Pero, ¿y si lo que he oído no es la lengua de la cosecha?" "¿Qué pasa si yo actúo en lo que siento, y luego descubro que es un error?"

Entonces daré la vuelta a la pregunta: "¿Y si lo es? ¡Qué pasa si realmente es el lenguaje de la cosecha lo que oyes!" Mientras tú sigues siendo tu mismo, siempre y cuando comunicas el cuidado y el amor de Jesús, y de una manera sincera, sin importar, las personas echan un vistazo a Jesús.

"He oído que has pasado por cosas duras últimamente. ¿Hay algo que pueda hacer por ti?" Una frase simple puede ser el comienzo de una conversación que lleva a la salvación para un hombre. "He orado por ti últimamente, y quiero que sepas que Dios te ve y se preocupa por ti." Palabras cálidas y sinceras, que construyen un puente entre ti y el otro, a través de este puente puede llegar el amor de Dios.

Jesús entendía el lenguaje de la cosecha

Jesús entendía mejor que nadie el lenguaje de la cosecha. Su "oído de lenguaje" estaba sintonizado tan finamente, que podía percibir la diferencia entre el lenguaje de la cosecha y la lengua de una cosecha no tan sincera.

Imagínate a un joven rico que se acerca y te pregunta: "¿Qué cosa buena puedo hacer para heredar la vida eterna? "¿Qué pensarías?"

Yo hubiera pensado: "¡Lenguaje de cosecha madura! ¡Mazorca madura! ¡Dame la hoz!"

Un joven rico vino a Jesús y le preguntó esta pregunta. Jesús respondió pidiéndole una pregunta mostrador:

"¿Por qué me preguntas sobre lo que es bueno? Solamente hay uno que es bueno. Si quieres entrar en la vida, obedece los mandamientos."[73]

Con el tiempo se revela que el joven rico solo era buscador hasta un cierto punto: todo su dinero. Cuando Jesús pone el dedo en la llaga, el hombre da la vuelta con tristeza. A primera vista pareció cosecha madura, pero en realidad no lo era.

Zaqueo era rico, muy rico. [74] Siendo recaudador de impuestos en el servicio de la potencia ocupante, había enriquecido a costa de sus compatriotas. A diferencia del joven rico había nada en Zaqueo que indicó que él era cosecha madura. También su posición en el borde exterior de los acontecimientos aquél día que Jesús visitó Jericó. Desde la distancia, desde su alta rama, observaba el alboroto en torno al hijo del carpintero de Nazaret.

¿Quién sabe lo que está pasando detrás de la fachada piadosa de un hombre? Aquí estamos con frecuencia incorrectos. Nos miramos ciegos al dibujo externo y hacemos conclusiones apresuradas.

Jesús no. Él mira más allá de la apariencia exterior, y observa lo que está ocurriendo en el interior. Este día en Jericó levanta su mirada sobre la multitud y ve cosecha madura en un árbol morera.

¿Qué es lo que hace que Zaqueo olvida la dignidad de su riqueza, y escala, como un niño, en el árbol?

El lenguaje corporal también puede ser lenguaje de cosecha. Con su cuerpo en cuclillas allí arriba en el árbol, Zaqueo dice, sin decir una palabra, "Veme. Ve mi soledad. Mi pobreza, en medio de mi riqueza."

En la Noruega próspera, creo que estamos rodeados de Zaqueo. ¿Les vemos? ¿Percibimos las señales sutiles que envían? ¿Escuchamos el lenguaje suave de la cosecha?

Gente de paz

Cuando Jesús pide a Zaqueo que baje del árbol, el oficial de aduanas responde así:

"Así que se apresuró a bajar y, muy contento, recibió a Jesús en su casa".

Así reacciona un hombre de paz. Él o ella recibe a Jesús con alegría. Escucha lo que Jesús quiere decir. Da la bienvenida a la nueva vida que Jesús tiene para ofrecer. Nuestra tarea no consiste en bajar a la gente de los árboles contra su propia voluntad. Estamos llamados a ir a los que ya añoran a Jesús, aunque tal vez no están conscientes de su anhelo.

En Lucas 10, Jesús envía a sus discípulos "a todo pueblo y lugar adonde él pensaba ir" Antes de que envíe a sus discípulos de dos en dos, les da instrucciones claras sobre quién deben gastar su tiempo:

"Paz sea a esta casa. Y si hubiere allí algún hijo de paz, vuestra paz reposará sobre él; y si no, se volverá a vosotros."[75]

Como discípulos de Jesús debemos "hacer plegarias, oraciones, súplicas y acciones de gracias por todos."

Pero debemos dedicar la mayor parte de nuestro tiempo con la personas que Jesús llama "gente de paz". [76] Estas son personas que nos aceptan de una manera abierta y amistosa. Escuchan los que tenemos que contarles, hacen preguntas indiscretas y responden. Son estas las personas que Jesús nos pide que pasamos la mayor parte de nuestro tiempo, no aquellos que están buscando discusiones, y preferiblemente ganarlas.

Hay muchas de estas personas de paz. Hay repletos de ellos.

Te garantizo que las tienes en la red de tu familia, en tu barrio, en tu lugar de trabajo. Lo interesante es que estas personas de paz conocen a otras personas de paz, y así crece la red.

Leí en un periódico que cada uno de nosotros ahora somos no más que 4,74 vínculos de todo el mundo. [77] Es decir que un amigo de tu amigo probablemente conoce a un amigo de cualquier persona del mundo. Los medios de comunicación, en particular, han ayudado a reducir el tamaño del mundo de esta manera. Teniendo en cuenta el evangelismo de amistad, nos da posibilidades impresionantes.

Mi método favorito

El Espíritu Santo tiene muchos nombres en la Biblia. Es mencionado como consolador, maestro y consejero. Estas características no se limitan a unas pocas situaciones, como cuando leemos la Biblia u oramos a Dios. El Espíritu Santo quiere ser nuestro consolador, maestro y consejero en todas las situaciones de la vida, en todos los ámbitos de la vida.

Esto es particularmente cierto en el trabajo de la cosecha.

El Espíritu Santo es el mejor evangelista que hay.

Él siembra en las vidas de la gente, y el cosecha. Él te aconsejará. Él te guiará. Él conoce a los que te rodean mejor que ellos conocen a si mismos. Él conoce sus anhelos y sus necesidades en cualquier momento. Él tiene las llaves que pueden abrir las puertas cerradas.

No siempre es fácil saber lo que el lenguaje de la cosecha y lo que no lo es. Afortunadamente tengo siempre al Espíritu Santo y puedo pedirle cualquier cosa. Este es mi método favorito en cuanto a la evangelización, la verdad es que no tengo fe en ningún otro método.

¡Pide al Espíritu Santo!

Encuentra un bolígrafo y una hoja de papel. Escribe tu nombre en el papel y dibuja un círculo alrededor del nombre. Fuera de tu círculo dibuja más círculos.

Siéntate en tu silla. Pídele al Espíritu Santo que te lleve a un viaje por tu red: empezando por la gente que conoces bien a las amistades más periféricas. Pide al espíritu que te diga lo que ve, lo que sucede en tu red. Escucha y habla con él de lo que te muestra. Cuando él te recuerda de un nombre (cuando un nombre aparece en tu mente), apúntalo en uno de los círculos vacíos en la hoja.

Dentro de poco tiempo podrás empezar a trazar líneas entre los círculos: algunos de los que tú conoces también se conocen.

¿Ves? Tu red está poblada de gente de paz. Tú estás rodeado de cosecha madura.

Lo que acabas de dibujar ahora, es tu red. Imagínate si todos en tu iglesia o en tu comunidad doméstica se sentaron y dibujaron una mapa de red similar. Entonces vislumbraríamos una cosecha mucho más grande. Entonces podríamos poner los mapas juntos y empezar a hablar de cómo podemos tocar las redes de los demás. Podríamos empezar a orar por los amigos de cada uno.

Esto no solamente es un pensamiento casual. Es el tema del último capítulo del libro: "Juntos para la cosecha".

Cualquier persona puede aprender a reconocer el lenguaje de la cosecha

Al enseñar sobre el lenguaje de la cosecha en una iglesia, sucede que la gente se acerca a mí después diciendo: "Es interesante lo que dices. ¿Pero realmente funciona? ¿Cualquier persona puede aprender a reconocer el lenguaje de la cosecha? ¿Puedo yo aprenderlo?

Debajo de la pregunta hay un razonamiento tácito: "Tú eres evangelista. Has recibido un don especial para reconocer el lenguaje de la cosecha. Para ti no hay problema. Pero hay diferentes dones y servicios, y no somos todos evangelistas. Por lo tanto, no está dado a todos reconocer el lenguaje de la cosecha."

Correctamente la Biblia nos dice que hay diferentes tipos de regalos y servicios. Pablo enfatiza que
"A cada uno se le da una manifestación especial del Espíritu para el bien de los demás."[78]

Por fin lunes

A la misma vez nos recuerda que el fin de las obras de servicio es "capacitar al pueblo de Dios para la obra de servicio, para edificar el cuerpo de Cristo". [79]

En otras palabras, no son solamente los evangelistas que deben hacer el trabajo de la cosecha, sino todo el cuerpo de la iglesia entera. La tarea principal del evangelista es "capacitar al pueblo de Dios", tú y yo, para hacer el trabajo.

Cuando Jesús resucitado dijo: "serán mis testigos", no habló a un grupo de evangelistas especialmente equipados. Habló a todos los discípulos, con los regalos diferentes que habían entre ellos. "Ustedes serán mis testigos", dijo Jesús. [80]

Todos estamos llamados a dar testimonio de Jesús, independientemente de los equipos. Todos podemos aprender a reconocer el lenguaje de la cosecha. Todos hemos recibido al Espíritu Santo, el evangelista con la E mayúscula.

Después de un seminario, una mujer se acercó a mí y me preguntó este tipo de preguntas que acabo de comentar: "¿En serio esto funciona? ¿Yo puedo aprender a reconocer el lenguaje de la cosecha?"

Pocos días la mujer llamó a la compañía de cable para liberarse de algunos canales de televisión que ya no quería tener. Afirmó qué canales ya no quería tener y cuales quería seguir teniendo. Entre los que quería seguir teniendo era el "canal de Dios". Al mencionar el canal cristiano, el representante de clientes dijo: "Yo soy hindú".

La información fue completamente inesperada, como caído del cielo. Tan repentinamente un idea se metió en su mente: "el lenguaje de la cosecha". ¡Esto debe ser la lengua de la cosecha de que oí hablar en el seminario!" ¿Porque diría que es hindú si no?

La mujer responde: "Yo soy cristiana".

Entonces explica en pocas frases lo que significa la amistad con Jesús para ella. Alegría. Paz. Futuro. Esperanza.

"Necesito lo que tú tienes", dice el representante de clientes.

"Puedes conseguirlo. Apenas dile sí a Jesús", responde la mujer. Y añade:

"Puedes recibir a Jesús en cualquier momento y en cualquier lugar. Incluso por teléfono, si usted lo desea."

"Lo deseo", dice el gerente.

Fases en el trabajo de la cosecha

El trabajo de la cosecha se mueve a través de las diversas fases de un ciclo. En este libro hago el mayor énfasis en la fase de la cosecha, deliberadamente, porque creo que es aquí donde la necesidad de movilización es más urgente. La cosecha es verdaderamente madura, y por lo tanto hace falta muchos más cosechadores a que se comprometan.

No obstante, puede ser útil saber un poco sobre las otras fases del ciclo.

"Todo tiene su momento oportuno; hay un tiempo para todo lo que se hace bajo el cielo",[81] ha escrito Eclesiastés. También se aplica en la obra de la cosecha. Es un tiempo para cultivar, un tiempo para sembrar, un tiempo para el riego y un tiempo para cosechar.

Echamos un vistazo en las etapas anteriores a la cosecha.

Cultivar

En muchos lugares en este país, el paisaje está atravesada por muros de piedra. Las vallas se componen de piedras, quitados de la tierra por los agricultores, para poder cultivarla. Esto es un ejemplo de cultivo.

Génesis 1 dibuja un imagen de una tierra donde ni un solo tallo verde todavía ha crecido. La razón era porque Dios todavía no había hecho llover sobre la tierra "ni existía el hombre para que la cultivara".[82]

Cuando nosotros, como trabajadores de la cosecha, cultivamos, significa que eliminamos los obstáculos con los que rodean a las personas. Entre los obstáculos más comunes son malas experiencias con los cristianos, la condena, el prejuicio, la incomprensión y la falta de conocimiento. Cuando estas personas llegan a conocer a cristianos que muestran el cuidado y el amor, muchos de los obstáculos desaparecen por sí mismo.

Junto con un amigo, estaba visitando a una joven pareja casada. El hombre había sido diagnosticado con cáncer, y queríamos orar por él. Antes de orar le preguntamos cuál era su relación con Dios. Entonces aparecieron varios escollos. En su infancia había sometido por tácticas de miedo, tales como "Dios te vea todo el tiempo, así que ten cuidado." Últimamente había visto algunos programas de televisión cristiana, a los que tomaba una fuerte distancia. Yo había visto algunos de los mismos programas y tenía que darle razón: Tenía buenas razones para reaccionar.

Durante la conversación podíamos eliminar algunos obstáculos. Al mismo tiempo compartimos algo del amor de Dios a los dos. Poco a poco, con la ayuda del Espíritu Santo, tuvieron una idea más clara de quién es Dios realmente. Esto ayudó a quitar los últimos obstáculos, por lo que un tiempo después, los dos aceptaron a Jesús.

Sembrar

Escribe Pablo: "Así que la fe viene como resultado de oír el mensaje, y el mensaje que se oye es la palabra de Cristo".[83]

¿Cuál es el mensaje? La noticia de que el reino de Dios está cerca, a causa de Jesucristo, y que el reino ya está disponible para todo el que quiera tomar parte en ella.

Es importante que la fe tiene un lenguaje corporal, pero eso no quiere decir que el lenguaje verbal es redundante. En Romanos, Pablo pregunta retóricamente:

¿Cómo creerán en aquel de quien no han oído? ¿Y cómo oirán si no hay quien les predique?[84]

El evangelio debe ser comunicado con palabras para poder ser comprensible para la mayoría de la gente.

Por lo tanto, usa la palabra de Dios activamente. Envíalo por mensaje, publícalo por Facebook. Lee la Biblia junto con amigos curiosos. Practica contar la historia de Jesús en tus propias palabras. Prepárate también para contar la historia de cómo te convertirte en un amigo de Jesús. No sostengas nada: "Él que siembra escasamente, escasamente cosechará, y él que siembra en abundancia, en abundancia cosechará."

Si no estás seguro de lo que la palabra de Dios es capaz de lograr – toma un respiro profundo y lee lo que escribe Isaías:

"Así como la lluvia y la nieve descienden del cielo, y no vuelven allá sin regar antes la tierra y hacerla fecundar y germinar para que dé semilla al que siembra y pan al que come, así es también la palabra que sale de mi boca:

No volverá a mí vacía, sino que hará lo que yo deseo y cumplirá con mis propósitos."[85]

Tenga en cuenta también que Jesús ya ha orado por las personas con las que compartes el Evangelio.

"No ruego sólo por éstos. Ruego también por los que han de creer en mí por el mensaje de ellos." [86]

Regar

Regar se trata de ser fiel a la gente que Dios te ha dado. Al principio del libro hablé de una señora, y ella es un buen ejemplo: Todos los días durante 40 años oraba fielmente por su marido. Al final él llegó a creer.

Regamos cuando incansablemente alentamos a los demás, les escuchamos, les bendecimos y oramos por ellos. Todo esto hace que la palabra que está sembrada obtiene buenas condiciones de crecimiento. Con el tiempo va a brotar y crecer a una espiga madura, y tú, yo u otra persona tendrá el placer de cosechar.

Cultivar, sembrar, regar y cosechar: son las fases en la obra de la cosecha. No es importante quien hace las diferentes cosas. De todos modos es Dios quien hace el crecimiento:

"Yo sembré, Apolos regó, pero Dios ha dado el crecimiento."[87]

Este versículo de primera Corintios nos hace recordar otra cosa importante: La evangelización no es un proyecto en solitario. Es un esfuerzo de equipo en el que trabajamos con otras personas y con Dios.

Trabajamos juntos en la cosecha.

71. Eclesiastés 3:11
72. Juan 14:6
73. Mateo 19:17
74. Lucas 19:10
75. Lucas 10:5,6
76. Lucas 10:6
77. Aftenposten, 23 noviembre 2011
78. 1 Corintios 12:7
79. Efesios 4:12
80. Hechos 1:8
81. Eclesiastés 3:1
82. Génesis 2:5
83. Romanos 10:17
84. Romanos 10:14
85. Isaías 55:10
86. Juan 17:20
87. 1 Corintios 3:6

Juntos en la cosecha

Cosechar es un trabajo en equipo

La comunidad consistía de siete personas. Algunos de nosotros acabábamos de trasladarnos al lugar. Otros habían vivido allí todas sus vidas, y eran bien establecidos con familia, amigos y conocidos.

Una noche nos sentamos y dibujamos un mapa de nuestros redes sociales. Después pusimos los dibujos el uno al lado del otro en la mesa. Esto nos abrió nuestros ojos. Destacamos puntos de contacto y conexiones que hasta ahora no habíamos visto. Vislumbramos una cosecha más grande.

Empezamos a orar por los amigos y conocidos de cada uno. Le pedimos al Espíritu Santo que nos mostraría sus necesidades, y cómo podíamos satisfacerlas. La mayor parte de lo que hacíamos fueron cosas cotidianas simples. Tomamos una llamada telefónica para charlar, invitamos a la gente a tomar café, fuimos al cine y a pescar.

Por fin lunes

Justo después de empezar la comunidad doméstica conocí a Esteban. Acababa de recibir a Jesús, pero no tenía a nadie que le ayudara. Le invité a la comunidad.

Una vez la comunidad se reunió en la casa de Esteban. Sus padres estaban de visita y tuvimos un buen contacto con ellos, y pronto se hicieron parte de la comunidad.

Llegamos a conocer a varios de los amigos de Esteban. Algunos se unieron a la comunidad, donde aceptaron a Jesús.

Claudia y Miguel eran dos de estos amigos de Esteban. Tenían una red de amigos grande, algo que nos dio muchos contactos nuevos.

Junto con Claudia y Miguel habíamos orado por Lisa y Federico durante un tiempo. Les habíamos visitado varias veces. Federico vino a una reunión un domingo en la iglesia. Allí aceptó a Jesús (así que pueda ocurrir un domingo, a pesar de que este libro se concentra en los lunes). Lisa hizo lo mismo no mucho tiempo después.

En la red de Lisa y Federico hay varios que ya han dado sus vidas a Jesús.

Habían también algunos vecinos que llegaron a creer, después de venir a una reunión en la comunidad donde fueron sanados.

La comunidad empezó con siete personas. Como muchas personas se han visto afectadas, la red se ha diversificado y crecido. Después de un tiempo se veía así:

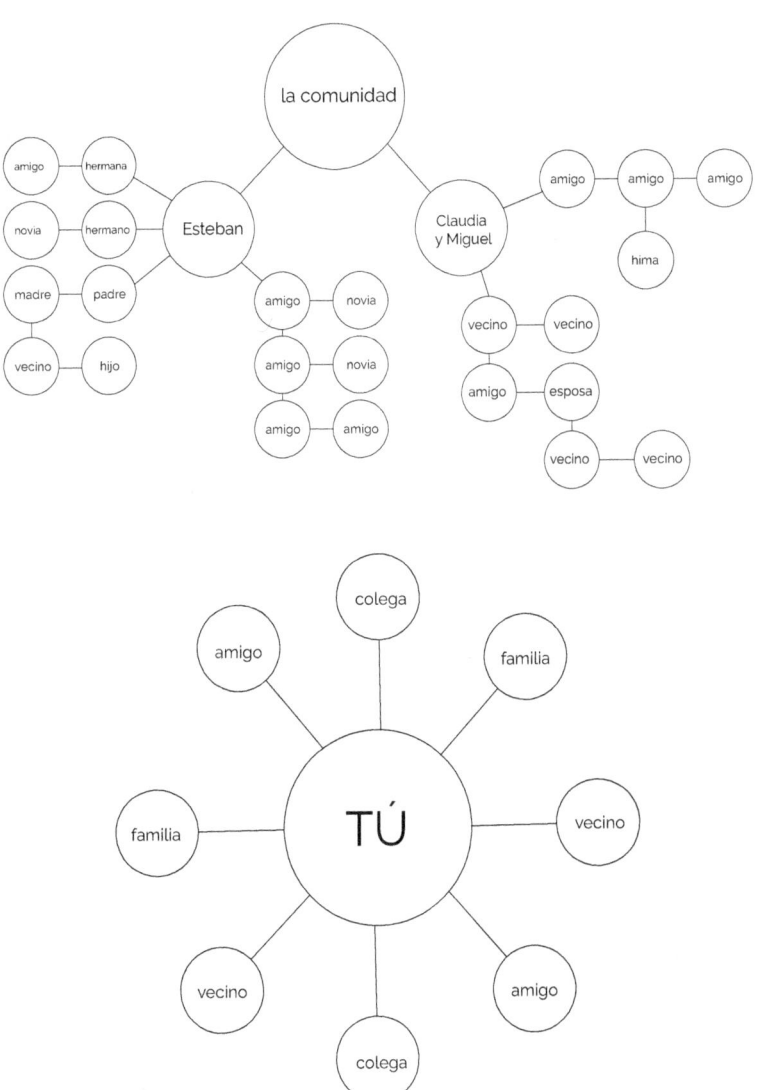

Considera tu iglesia y piensa que cada uno es como se muestra arriba. Tocan a alguien que toca a alguien que… Fijo que una persona de paz conoce a otra persona de paz. Así que si formas parte de una comunidad doméstica, un grupo pequeño de la iglesia etc., debes pensar más grande. ¿Son 30 personas? Debes pensar 300.

La clave para nosotros en la comunidad es trabajar como un equipo. Trabajamos juntos en la cosecha, hombro con hombro, y esto hace toda la diferencia.

Juntos hacemos los mapas de redes sociales.

Juntos oramos por los contactos de cada uno.

Juntos servimos a las personas con nuestros dones y personalidades diferentes.

Juntos ganamos la confianza de la gente.

Juntos construimos amistades.

Juntos damos la bienvenida a nuevas personas a la comunidad.

Juntos vemos a las personas llegar a la fe

Juntos ayudamos a los nuevos cristianos convertirse a discípulos de Jesús.

No todos han aceptado a Jesús entre las personas por quienes hemos orado. Aprendemos lecciones acerca de lealtad y paciencia. De los que hemos hecho amistad, hay varios que no han llegado a la fe hasta ha pasado varios años.

Restricciones dadas por Dios

Cuando la gente se encuentra con nosotros como cristianos individuales, a menudo no ven más que fugazmente de Jesús. Cuando nos reunimos como una comunidad, tendrán la oportunidad de descubrir varios aspectos de Jesús, y experimentar más de su amor.

"Puedan comprender, junto con todos los santos, cuán ancho y largo, alto y profundo es el amor de Cristo; en fin, que conozcan ese amor que sobrepasa nuestro conocimiento". [88]

¿Alguna vez te molesta tus propias limitaciones? ¿Alguna vez has sucumbido por la tentación de compararte con los demás? "Si solo tuviera su audacia o su elocuencia. Si solo tuviera su conocimiento o si fuera tan extrovertido como él..."

La comparación crea o la arrogancia (si piensas que la comparación es para el bien de ti) o el desaliento (si sientes que alguien te haga sombra). Ambos son frutos amargos que no vienen del Espíritu Santo.

¡Disfrute de tus limitaciones!

El hecho de que no lo puedes todo, no lo sabes todo y no tienes todos los dones, tiene una explicación simple: Dios quiere que sea así! Él te ha creado con estas limitaciones por una razón específica: Él quiere que trabajas para su gloria junto con los demás.

Pablo escribe a la iglesia de Corinto, donde habían individuos que estaban cegados por su propia excelencia:

"Si todos ellos fueran un solo miembro, ¿qué sería del cuerpo? Lo cierto es que hay muchos miembros, pero el cuerpo es uno solo. El ojo no puede decirle a la mano: «No te necesito.» Ni puede la cabeza decirles a los pies: «No los necesito.» Al contrario, los miembros del cuerpo que parecen más débiles son indispensables. (...) Ustedes son el cuerpo de Cristo, y cada uno es miembro de ese cuerpo." [89]

Cuando trabajamos juntos, nos ayudamos el uno al otro haciendo lo que hacemos mejor, lo que nos ha dado una gracia especial que hacer. No es importante quién hace qué cosa. Pablo escribe:

"Esto lo hace un mismo y único Espíritu, quien reparte a cada uno según él lo determina". [90]

Los dones son del Espíritu, no son nuestros. Los regalos son herramientas, y el Espíritu Santo los usa para realizar su obra en la tierra. El utiliza los dones siempre y cuando él quiere, y él usa quién quiere. Lo único que nosotros podemos hacer es estar disponibles, para que el poder de Dios pueda fluir a través de nosotros y trabajar de la manera que él quiere. En lugar de centrarnos en el regalo, nos centramos en el distribuidor y lo que él quiere. En todo lo que hace, el Espíritu Santo quiere destacar a Jesús y alabarle.

Lo importante no es quién está haciendo qué cosas, sino que cada persona hace lo que el Espíritu Santo le impulsa a hacer. Algunos ven bien a otras personas. Otros tienen un capacidad especial para cumplir necesidades específicas. Algunos tienen un don especial a cuanto a expandir el buen humor y contar chistes. Otros son capaces de escuchar y hacer preguntas redentoras.

Una y otra vez he visto desarrollar la interacción entre las diferentes personalidades y dones en una comunidad. Es igual de fascinante cada vez.

Comenzó en el transbordador

Juan se encuentra en el transbordador, rumbo a una isla noruega en el oeste. En la mesa de al lado hay un grupo de amigos. Hablan entusiasmados en voz alta, y no es difícil entender de lo que hablan: Dios y Jesús son mencionados en cada frase.

Juan se pone curioso, y discretamente empieza a escuchar la conversación. Al principio el grupo de amigos no lo notan, pero luego una de ellos descubren que tienen un oyente. Se da la vuelta y saluda a Juan. Tan pronto le da un poco de vergüenza a Juan, pero pronto está incluido en la conversación y en la comunidad.

Por fin lunes

Cuando el transbordador desembarque, el grupo pregunta a Juan si quiere venir a una reunión en la casa de algunos cristianos en la isla aquella misma noche.

Esta noche Juan no puede, pero la semana siguiente aparece y es muy bien recibido. La calidez y la hospitalidad lo afectan. Cuando vuelva la semana siguiente, trae a su amigo Tomás. En un momento durante la noche preguntan a Juan que si quiere aceptar a Jesús. La idea no es ajena para él, pero responde: "Voy a esperar hasta el lunes. Así puedo salir de fiesta y emborracharme este fin de semana". "Es tu decisión", dice Andrés, uno de los líderes de la comunidad. "Haz lo que quieras".

En su mente Juan comienza a reflexionar sobre qué es lo que quiere. Al final ya no ve ninguna razón para retrasarlo más, ni siquiera para el lunes. "Bien podría aceptar a Jesús esta noche", dice Juan. Su amigo Tomás dijo lo mismo.

Continúa en la isla

Los próximos meses Andrés pasa mucho tiempo con Juan. Tan pronto pasa por su casa con una pizza para llevar caliente en sus brazos. Una amistad estás surgiendo. Para Andrés es un placer ver cómo ha cambiado la vida de Juan al aceptar a Jesús.

Otra persona que nota la diferencia, es Marco, un colega del trabajo de Juan. Recuerdo a Juan como uno que andaba por ahí pensando que era algo especial. En las fiestas siempre hinchaba a los demás las narices. Al volverse cristiano, Juan se presenta diferente. El humor sigue siendo el mismo, pero ya no es tan ostentoso como antes. A Marco le parece que es más humilde. Los compañeros de trabajo reanudan el contacto. Lo que Marco no sabe, es que Juan se ha decidido a ganarle para Jesús. Ha comenzado a orar por él, y cuando se presenta la oportunidad quiere invitarlo a la comunidad cristiana.

"Fracasó mi plan", Juan dice. Algunos de la comunidad se me adelantaron. Invitaron a Marco a una reunión, donde aceptó a Jesús. Marco se salvó antes de que yo pudiera hacerme amigo con él. Así que tuve que ganar su amistad después."

Una persona que nota la diferencia en la vida de Marco, es su primo Ricardo.

"Lo que me intrigaba era ver la diferencia entre el antes y el después de que Marco se hizo un cristiano. Además, no me sentía bien en aquellos días. Por lo tanto pedí a Marco que si Jesús podría ayudarme a mi también."

Marco responde en un santiamén. Ricardo decide a conocer a los amigos cristianos de Marco. Durante una noche de adoración Dios toca al corazón de Ricardo. Acepta a Jesús esa misma noche.

Ahora Juan, Tomás, Marco y Ricardo arden en el deseo de que aún más de sus amigos conozcan a Jesús. Por lo tanto oran por ellos, les invitan a sus casas, salen a jugar a los bolos con ellos y van al cine junto con sus amigos.

"Hemos visto a varios amigos llegar a la fe. No se ha detenido. Continúa", dice Marco.

Lucas 10: El manual de trabajo

Lucas 10:1-12 es lo más cercano a un manual de trabajo para los obreros de la cosecha en la Biblia. Ya hemos mirado de mucho de lo que Jesús habla en estos versos de la Biblia:

La cosecha que es grande, y tan cercano a nosotros que lo tocamos con la punta del zapato.

Los obreros que son pocos, pero que sean muchos cuando discípulos normales comprenden que el trabajo de la cosecha es para todos.

Que vamos a ir con paz a las personas de la paz y quedarnos con ellos.

El equipo de la cosecha - que consiste de un mínimo de dos discípulos, enviados juntos por Jesús.

Hasta ahora sólo he citado fragmentos de Lucas 10. Me siento un poco culpable por eso. Aquí están los versos en su totalidad.

Léelo. Apréndelo. Vívelo.

"Después de esto, el Señor escogió a otros setenta y dos para enviarlos de dos en dos delante de él a todo pueblo y lugar adonde él pensaba ir. «Es abundante la cosecha —les dijo—, pero son pocos los obreros. Pídanle, por tanto, al Señor de la cosecha que mande obreros a su campo. ¡Vayan ustedes! Miren que los envío como corderos en medio de lobos. No lleven monedero ni bolsa ni sandalias; ni se detengan a saludar a nadie por el camino.

»Cuando entren en una casa, digan primero: "Paz a esta casa." Si hay allí alguien digno de paz, vuestra paz reposará sobre él; y si no, la bendición no se cumplirá. Quédense en esa casa, y coman y beban de lo que ellos tengan, porque el trabajador tiene derecho a su sueldo. No anden de casa en casa.

»Cuando entren en un pueblo y los reciban, coman lo que les sirvan. Sanen a los enfermos que encuentren allí y díganles: "El reino de Dios ya está cerca de ustedes." Pero cuando entren en un pueblo donde no los reciban, salgan a las plazas y digan: "Aun el polvo de este pueblo, que se nos ha pegado a los pies, nos lo sacudimos en protesta contra ustedes. Pero tengan por seguro que ya está cerca el reino de Dios." Les digo que en aquel día será más tolerable el castigo para Sodoma que para ese pueblo."

(Lucas 10:1-12. Puede ser útil leer el texto paralelo en Mateo 10 también.)

Identifiquen las redes

Desde hace varios años se me ha permitido ayudar a las congregaciones con la obra de la cosecha. las iglesias, por tan

Por fin lunes

diferentes que sean, han hecho una experiencia común: Al empezar a mirar las redes sociales de los miembros de la iglesia, puertas se abren por todos lados.

El proceso de elaborar las redes sociales abren los ojos de muchas personas de las congregaciones.

¿Siempre comenzamos preguntando: quienes son las personas en tu red? ¿Quién piensas que son positivos hacia ti y lo que representas? ¿Quién escucha cuando hablas de tu fe, quién hace preguntas curiosas? ¿Quién toca tu puerta cuando necesitan ayuda práctica, y quién viene a ti con sus problemas personales?

En otras palabras, usando las palabras de Jesús en Lucas 10: ¿Quiénes son las personas de paz en tu red?

En la fase de la asignación (como en todas las fases de la obra de la cosecha), dependemos de pedir al Espíritu Santo por la orientación y el asesoramiento. Él conoce a tu red mejor que tú. Él sabe lo que se mueve por dentro de las personas que conoces.

Cuando los miembros de la congregación han orado y los han pensado, y el Espíritu Santo ha hablado, les pedimos que tomen una hoja de papel y dibujen tu red social. Un dibujo simple de "tu red de las personas de la paz", puede tener más o menos la misma pinta de la ilustración de la página… Al poner tu dibujo al lado del dibujo de otra persona, puede que experimentas algo interesante: ¡Hay conexiones y puntos de contacto entre las redes! Algunas de las personas en tu red se encuentran también en el mío. Entonces podemos hacer una cosa juntos. Podemos orar por nuestros amigos comunes y hacer planes creativas acerca de cómo tocar a las redes sociales de los demás.

¿Suena bien esto, no? Por lo menos en la teoría. ¿Pero funciona en la práctica?

Una semana en Swansea (Gales) en noviembre

En los años 80 una nueva iglesia fue planteada en Swansea, en Gales. Desde el principio, la iglesia tenía una visión clara de tocar la ciudad y la comunidad con el amor de Dios. la congregación crecía los primeros años, como había nuevas personas que vinieron a la fe. Algunos años más tarde, la congregación tenía unos cientos miembros. Sucedían muchas cosas buenas en el auspicio de la iglesia, y las actividades florecían. Sin embargo, el enfoque claro al tocar la ciudad y las personas con el amor de Dios había comenzado a inclinar. Sucedía imperceptiblemente, por sin querer de la congregación. Una congregación grande y activa, pero menos extrovertida de lo que al principio era. Así ha sido la situación los últimos diez años. ¿Está la gente feliz con la situación? Al sentarse para discutir la situación, resulta que no son felices. Se dan cuenta de que ha habido demasiado "mantenimiento interno" en los últimos años, a expensas de lo que realmente quieren. Lo que es la visión: ver a la gente en Swansea venir a Cristo y convertirse en discípulos de él.

Hace año y medio me encontré con la iglesia por primera vez. Me habían invitado a enseñar sobre la obra de la cosecha. Pasamos un fin de semana juntos, y pasamos la mayor parte del tiempo mirando las redes sociales de los miembros. Cuando les pregunté sobre las personas de sus redes que simpatizaban con ellos y lo que representan, surgían muchos nombres.

Esto lo he visto muchas veces y en muchas iglesias: Al hablar de la cosecha, automáticamente pensamos en campañas, estrategias y métodos. Puede ser útil, pero yo prefiero hablar de las personas. ¿Por qué? ¡Porque no vemos la cosecha por las personas! No oímos que la cosecha nos habla, siete días a la semana, desde lunes por la mañana. No prestamos atención a la gente que son positivos hacia nosotros, que comparten sus desafíos y problemas con nosotros.

El primer fin de semana en Swansea por la mayor parte del tiempo hablamos de gente. Hablamos sobre ella y oramos por ella. Al final les hice un desafío para los miembros de la iglesia, que pasaran tiempo con la gente, que les invitara, que les incluiría, bendecirla en maneras concretas y creativas.

Recientemente visité la iglesia de nuevo. Era alentador observar el entusiasmo y la anticipación que ahora caracteriza la iglesia. Estaba ahí para pasar con ellos una semana en el campo de la cosecha, conociendo cara a cara las personas que son la cosecha madura.

DOMINGO

Un estudiante ha invitado a un compañero de estudios a un

servicio en la iglesia. Otra persona ha llamado a una persona que no ha estado en la iglesia durante diez años. Una madre ha preguntado a su hija que si quiere venir. Las tres personas aceptan a Jesús.

LUNES

Una pareja de la iglesia invita a otra pareja a una cafetería. Ella ha venido a algunas reuniones en la iglesia; él no ha querido ni poner un pie en el local de la iglesia. En su lugar, ahora la iglesia viene a él. En la cafetería - debajo de una conversación relajada con amigos - los dos experimentan un encuentro con el amor de Dios. Allí mismo aceptan a Jesús.

Por la noche una pareja de la iglesia que dirige una tienda de antigüedades nos invita a su casa. Muchos de los clientes habituales se preocupan por la religiosidad alternativa: la curación, cristales, energía y tal. Esta noche la pareja invita a algunos de ellos a su casa. Tenemos una conversación interesante acerca de las grandes preguntas de la vida. Los clientes de la tienda son muy abiertos a que oremos por ellos. Cuando lo hacemos, experimentan la presencia y el poder de Dios de una manera desacostumbrado para ellos. Los tres aceptan a Jesús.

MARTES

Algunos estudiantes de la iglesia acogen un curso Alfa en la universidad en la ciudad. Se lleva a cabo en una residencia de estudiantes en el campus, durante un período libre al mediodía. Uno de los participantes en el curso acepta a Jesús.

Por la noche nos quedamos en casa de unos esposos, amigos de unas personas de la iglesia. Él es cristiano, ella no. No hasta este martes por la noche.

MIÉRCOLES

Oración en el local de la iglesia. Oramos y buscamos al Señor por la ciudad y sus habitantes. Mientras oramos, un hombre pasa por la acera. Va a Londres hoy, para encontrarse con un espiritista y adivino. Ve a un hombre que está entrando en el local de iglesia y se siente atraído por él. El hombre - pastor de la iglesia - le pregunta si quiere entrar. Ahí dentro experimenta la presencia del amor de Dios. También oye una frase, dicha por una persona en el local: "Hay un sólo camino a Dios: Jesucristo." El hombre dice espontáneamente: "Jesús, ven a mi vida."

JUEVES

De vuelta en la cafetería. Una persona de la iglesia ha invitado a un amigo que no ha visto desde hace mucho tiempo. Mientras hablamos sobre Dios él se llena del espíritu Santo y empieza a orar en lenguas diversas. Lo mismo pasa con una mujer que nos encontramos más tarde.

Por la noche nos encontramos con otro conocido de alguien de la iglesia. El hombre trabaja como guardia de seguridad, y tiene la pinta de uno también. Es muy curtido, pero Dios resulta más curtido. El guardia es presentado por el evangelio,

"pues es poder de Dios para la salvación de todos los que creen".
[91] El guardia de seguridad lo cree.

VIERNES

El viernes por la noche visitamos una pareja cristiana en uno de los distritos de Swansea. Están experimentando tiempos difíciles y aprecian la visita. Oramos juntos, y les animamos. Quieren juntarse con la congregación para llegar a la gente de su barrio.

SÁBADO

Pasamos la tarde en la casa de una pareja de la iglesia que ha invitado a toda su familia: hermanos, padres y primos. Muchos quieren intercesión. Dos reciben a Jesús.

DOMINGO

Una chica joven recibe a Jesús en la reunión de la mañana.

La misma noche la iglesia organiza una fiesta grande. Excepto dos, todos los que han recibido a Jesús aquella semana, vienen para ser bautizados. Muchos han llevado a sus familiares, amigos y colegas. Miramos y escuchamos testimonios de todo lo que les han pasado. Es muy intenso. Intenso será también para el marido de una de las mujeres bautismales. Cuando oye el testimonio de su esposa, él también decide aceptar a Jesús.

Unos meses más tarde hablo con el pastor por teléfono. Dice

que todos los bautizados participan activamente en la iglesia. Añade: "Continuamos a guiar a nuevas personas a Jesús".

Tres semanas en Leicestershire (Inglaterra) en junio

En Leicestershire en Inglaterra hay una iglesia con unos 250 miembros. La iglesia ha tenido un crecimiento constante, aunque no fuerte, a lo largo de varios años.

En 2007 la iglesia comenzó a centrarse en la obra de la cosecha en la ciudad. Los miembros de reunieron para practicar a compartir el evangelio sobre Jesús, junto con su testimonio personal. Recibieron capacitación sobre cómo reconocer la voz del Espíritu, y cómo orar para otras personas. Durante las reuniones de la iglesia se le dio amplio espacio a los testimonios personales de gente que había compartido el evangelio con alguien, o habían orado por alguien.

Mi tarea consistía en ayudar a identificar las redes naturales de la gente de la iglesia. Les pregunté: "¿A quién crees tú que el Espíritu Santo está hablando en tu círculo social? ¿Conoces a alguien que necesita un toque del poder de Dios?"

Se hicieron muchas otras preguntas, para ayudar a la gente a abrir los ojos para la cosecha que estaba ahí esperando. La gente fueron animados a ser creativos, y pedir a Dios a mostrarles nuevas formas de ponerse en contacto con la gente. Como las personas son diferentes, necesitamos varios puntos de encuentros con el fin de llegar a muchos.

Nos preparamos al hecho de que el Espíritu Santo probablemente no iba a forzar a la gente a entrar en el local de la iglesia. Era más probable que el Espíritu Santo nos forzaría a nosotros a salir del local, hacia la cosecha que estaba fuera esperando.

En junio de 2008 planeamos una semana, donde los miembros iban a tomar iniciativas hacia aquellos, que sintieron que el Espíritu Santo les había recordado en la fase de la cartografía. La gente tomó el reto. Llamaron a los amigos y a los vecinos. Les invitaron a desayunar, a almorzar, a cenar, a tomar café, a merendar y para snacks de medianoche. Habían barbacoas, tapas y otros tipos de fiestas. La creatividad florecía y se hicieron diferentes propuestas. Los miembros de la iglesia se involucraron en las redes sociales de los demás, y utilizaron los engranajes y los dones por todos lados. Esto resultó ser un catalizador importante en los eventos que iban a ocurrir.

Las próximas tres semanas la iglesia vieron a cuatro, cinco personas aceptar a Jesús cada día. Algunos fueron curados de enfermedades, otros fueron liberados de la adicción a las drogas. Durante el mes de junio, muchas personas de la iglesia pudieron ver a sus amigos, vecinos y compañeros de trabajo llegar a creer. Muchos casos eran personas por las que habían orado mucho tiempo, sin darse cuenta de que eran cosecha madura.

Algunos empezaron a trabajar entre inmigrantes y solicitantes de asilo. Dieron a los nuevos compatriotas ayuda práctica en la vida cotidiana: les ayudaron a llenar papeles del gobierno y mejorar su inglés. Cada semana tenían sus propios reuniones, donde muchos recibieron a Jesús. La clave era el amor práctico que experimentaron de las personas de la iglesia.

La pregunta crítica será entonces: ¿Siguen en la congregación todos los que aceptaron a Jesús en 2008? Desafortunadamente no puedo decir que sí. Pero tres de cuatro son miembros activos de la iglesia. Una de las explicaciones principales de por qué tantos todavía participan, es la fuerza de las relaciones humanas en la iglesia. Además en un factor crucial que hay que hacer discípulos a partir del primer día en la nueva vida de un cristiano.

Esta iglesia, situada en el centro de Inglaterra, ¿experimenta una crecimiento tan grande hoy en día como en 2008? No tanto, pero cada semana hay nuevas personas que vienen a la fe. Ellos mismos dicen: Ha habido un cambio de paradigma. Hemos entrado en una nueva forma de pensar y actuar.

Todo comenzó cuando la congregación empezó a tomar en serio las instrucciones de Jesús en Lucas 10. Al centrarse en las personas de la paz entraron en contacto con personas que Jesús mismo "tenía la intención de visitar". Jesús había planeado visitarle, pero mandó a la gente de su iglesia por delante. Poco después vino Jesús mismo, con la salvación, la restauración y una vida nueva.

Por fin lunes

En este libro he contado algunas historias, y he compartido lo más importante que he aprendido, siendo obrero de cosecha durante unas décadas. ¿Estás listo para un resumen?

1. La fuerza motriz es el amor de Dios. Dios ama a la gente; a ti y a todos.

2. La cosecha está madura. Tú y yo estamos rodeados por ella.

3. Jesús nos envía. Tú perteneces a un grupo enviado.

4. El Espíritu Santo nos llena y nos guía. Él es el protagonista y tiene todo el control.

5. La cosecha habla, pero a menudo no en voz alta. ¡Utiliza tus ojos y tus oídos!

6. Cosechar es un trabajo en equipo. Somos mucho más fuertes cuando estamos juntos.

Gracias por seguirme por este libro. Estoy convencido de que tú y tus amigos tienen un viaje emocionante por delante, un viaje que les dará muchos nuevos amigos, y dará a Jesús muchos nuevos seguidores.

Por fin es lunes. Jesús dice: "¡Vayan!" [92]

88. Efesios 3:18,19
89. 1 Corintios 12:19-22, 27
90. 1 Corintios 12:11
91. Romanos 1:16
92. Lucas 10:3

Propuesto de plan para la cosecha

1. Fase de planificación

Obtén una lista de los contactos que tienes con la gente que es positiva contigo - es decir "hombres y mujeres de la paz" (capítulo 5).

Pídele al Espíritu Santo que le muestre quién está abierto al evangelio, y quien está más cerca a hacer una decisión. ¡Prepárate a quedarte sorprendido!

2. Fase de estrategia

Pídele al Espíritu Santo que te dé claves para seguir avanzando. ¿Qué debes hacer para seguir adelante con ellos?

Satisface las necesidades prácticas que tienen.

¿Necesitan a alguien que les escuche? Escuchar es la mejor manera de llegar a las personas.

¿Puedes encontrar maneras de alentar a la gente? Fomenta abre puertas.

Planifica e implementa iniciativas (no esperes a que las iniciativas vienen de ellos)

Cree lugares y puntos de encuentros. Usa la casa, la tuya y la de otros. Busca "terceros lugares" en la comunidad: lugares donde la gente se encuentra cuando no está en la casa o en el trabajo.

Toca las redes sociales de los demás. Invita a tus amigos en tu equipo de trabajo para conocer a tus contactos.

3. Fase de acción

Cuando sepas lo que quieren hacer: Apúntelo y haz un plan para donde, cuando y cómo quieres actuar. Sé específico y concreto. Haz un plan de semana a semana.

Pide a otra persona de la iglesia que te responsabilice de llevar a cabo la parte del plan que has hecho. Esta es la parte más difícil, pero será de gran ayuda para ti en cuanto a hacer lo que habéis decidido.

Adelante. Sé franco. Sé un líder. Guía a tus amigos el último trozo de camino a Jesús.

Arne G. Skagen

Arne G. Skagen (1957) es licenciado en ingeniería de incendios y seguridad, y durante años ha trabajado como asesor de emergencias y riesgos en la industria y los negocios noruegos. Durante los últimos diez años, ha trabajado en Kristent Nettverk para ayudar a iglesias en Noruega y del mundo a ganar nuevas personas para Jesús. Arne está casado y tiene cuatro hijas y vive en Bergen, Noruega.

Por fin lunes: evangelización cotidiana para cada día personas es el primer libro de Arne.

global giving initiative

As we pursue our mission to help people get their voices and ideas out into the world, we at Unprecedented Press realize that others are concerned with more pressing needs. Finding creativity in every person is important work, but getting food, shelter, and dignity to individuals must come first. That's why Unprecedented Press donates a portion of book revenue to the Everyone Global Giving Initative whose goal is to meet the practical needs of individuals around the world and to share the love of Jesus. To learn more, visit *everyoneglobal.com*

Otros libros en inglés de Unprecedented Press

40 Shocking Facts for 40 Weeks of Pregnancy - Volume 1:
Disturbing Details about Childbearing & Birth

By Joshua Best

40 Shocking Facts for 40 Weeks of Pregnancy - Volume 2:
Terrifying Truths about Babies & Breastfeeding

By Joshua Best

She Can Laugh
A Guide to Living Spiritually, Emotionally & Physically Healthy

By Melissa Lea Hughes

Once Upon A Year
Experience a year in the life of Finn

By Joanna Lenau

Unstuck
How to Grieve Well and Find New Footing

By Danette Johnson

The River
*A 30-day Study on the Role of
the Holy Spirit in the Church,
the World and you*

By Mike Nicholson

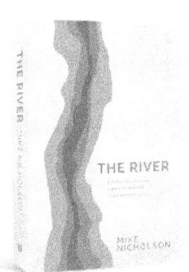

Crumbs
100 Everyday Stories about 100 People

By Rose White

Y - Christian Millennial Manifesto
*Addressing Our Strengths and Weaknesses
to Advance the Kingdom of God*

Y, The Workbook
A Companion

By Joshua Best

Still Small Moments
*What Parenting Can Teach Us About
Growing with God in Every Season*

By April Best

www.ingramcontent.com/pod-product-compliance
Lightning Source LLC
Chambersburg PA
CBHW071209070526
44584CB00019B/2970